16세기 어느 양반가
노비의 일상과 생존전략

16세기 어느 양반가
노비의 일상과 생존전략

초판 1쇄 인쇄 2024년 11월 18일
초판 1쇄 발행 2024년 12월 2일

—

기   획 한국국학진흥원
지은이 이혜정
펴낸이 이방원

책임편집 이희도   **책임디자인** 박혜옥
마케팅 최성수 · 김 준   **경영지원** 이병은

—

펴낸곳 세창출판사
　　　신고번호 제1990—000013호 주소 03736 서울특별시 서대문구 경기대로 58 경기빌딩 602호
　　　전화 02—723—8660 팩스 02—720—4579 이메일 edit@sechangpub.co.kr 홈페이지 http://www.sechangpub.co.kr
　　　블로그 blog.naver.com/scpc1992 페이스북 fb.me/Sechangofficial 인스타그램 @sechang_official

—

ISBN 979—11—6684—375—4 94910
　　　　979—11—6684—164—4 (세트)

한국국학진흥원 전통생활사총서 32

16세기 어느 양반가 노비의 일상과 생존전략

『묵재일기』를 중심으로

이혜정 지음
한국국학진흥원 기획

세창출판사

한국국학진흥원에서는 2022년부터 문화체육관광부의 지원으로 전통생활사총서 사업을 기획하였다. 매년 생활사 전문 연구진 20명을 섭외하여 총서를 간행하기로 했다. 지난해에 20종의 총서를 처음으로 선보였다. 전통시대의 생활문화를 대중에 널리 알리기 위한 여정은 계속되어 올해도 20권의 총서를 발간하였다.

한국국학진흥원은 국내에서 가장 많은 약 65만 점에 이르는 민간기록물을 소장하고 있는 기관이다. 대표적인 민간기록물로 일기와 고문서가 있다. 일기는 당시 사람들의 일상을 세밀하게 이해할 수 있는 생활사의 핵심 자료이고, 고문서는 당시 사람들의 경제 활동이나 공동체 운영 등 사회경제상을 이해할 수 있는 자료이다.

한국의 역사는 '조선왕조실록'이나 '승정원일기'와 같이 세계적으로 자랑할 만한 국가기록물의 존재로 인해 중앙을 중심으로 이해되어 왔다. 반면 민간의 일상생활에 대한 이해나 연구는 관심을 덜 받았다. 다행히 한국국학진흥원은 일찍부터 민간에 소장되어 소실 위기에 처한 자료들을 수집하고 보존처리를 통해 관리해 왔다. 또한 이들 자료를 번역하고 연구하여 대중에 공개했다. 이러한 민간기록물을 활용하고 일반에 기여할 수 있는 방법으로 '전통시대 생활상'을 대중서로 집필하여 생생하게 재현하여 전달하고자 했다. 일반인이 쉽게 읽을 수 있는 교양학술총서를 간행한 이유이다.

총서 간행을 위해 일찍부터 생활사의 세부 주제를 발굴하는 전문가 자문회의를 개최하고, 전통시대 한국의 생활문화를 가장 잘 구현할 수 있는 핵심 키워드를 선정하였다. 전통생활사 분류는 인간의 생활을 규정하는 기본 분류인 정치, 경제, 사회, 문화로 지정하였다. 이를 기반으로 매년 각 분야에서 핵심적인 키워드를 선정하여 집필 주제를 정했다. 이번 총서의 키워드는 정치는 '과거 준비와 풍광', 경제는 '국가경제와 민생', 사회는 '소외된 사람들의 삶', 문화는 '교육과 전승'이다.

각 분야마다 5명의 집필진을 해당 어젠다의 전공자로 구성하였다. 어디서나 간단히 들고 다니며 쉽게 읽을 수 있도록 최대한 이야기체 형식으로 서술해 달라고 부탁하였다. 다양한 사례의 풍부한 제시와 전문연구자의 시각이 담겨 있어 전문성도 담보할 수 있는 것이 본 총서의 매력이다.

전문적인 서술로 대중을 만족시키기는 매우 어렵다. 원고

의뢰 이후 5월과 8월에는 각 분야의 전공자를 토론자로 초청하여 2차례의 포럼을 진행하였다. 11월에는 완성된 초고를 바탕으로 1박 2일에 걸친 대규모 학술대회를 개최하였다. 포럼과 학술대회를 바탕으로 원고의 방향과 내용을 점검하는 시간을 가졌다. 원고 수합 이후에는 각 책마다 전문가 3인의 심사의견을 받았다. 2024년에는 출판사를 선정하여 수차례의 교정과 교열을 진행했다. 책이 나오기까지 꼬박 2년의 기간이었다. 짧다면 짧은 기간이다. 그러나 2년의 응축된 시간 동안 꾸준히 검토 과정을 거쳤고, 토론과 교정을 통해 원고의 완성도를 높이기 위해 분주히 노력했다.

전통생활사총서는 국내에서 간행하는 생활사총서로는 가장 방대한 규모이다. 국내에서 전통생활사를 연구하는 학자 대부분을 포함하였다. 2023년도 한 해의 관계자만 연인원 132명에 달하는 명실공히 국내 최대 규모의 생활사 프로젝트이다.

1990년대 이후 폭발적으로 증가했던 일상생활사와 미시사 연구에 대한 학계의 관심이 근래에는 소홀해진 상황이다. 본 총서의 발간이 생활사 연구에 활력을 불어넣는 계기가 되기를 기대한다. 연구의 활성화는 연구자의 양적 증가로 이어지고, 연구의 질적 향상 또한 이끌 것이다. 그렇게 된다면 전통문화에 대한 대중들의 관심 역시 증가할 것으로 기대한다.

본 총서는 한국국학진흥원의 연구 역량을 집적하고 이를 대중에게 소개하기 위해 기획된 대표적인 사업의 하나이다. 참여한 연구자의 대다수가 전통시대 전공자이며 앞으로 수년간 지속적인 간행을 준비하고 있다. 올해에도 20명의 새로운 집필자가 각 어젠다를 중심으로 집필에 들어갔고, 내년에 또 20권의 책이 간행될 예정이다. 앞으로 계획된 총서만 100권에 달하며, 여건이 허락되는 한 지속할 예정이다.

대규모 생활사총서 사업을 지원해 준 문화체육관광부에 감사하며, 본 기획이 가능하게 된 것은 한국국학진흥원에 자료를 기탁해 준 분들 덕분이다. 다시 감사드린다. 아울러 총서 간행에 참여한 집필자, 토론자, 자문위원 등 연구자분들께도 감사인사를 전한다. 책의 편집을 책임진 세창출판사에도 감사드린다. 이 모든 과정은 한국국학진흥원 여러 구성원의 노력이 있었기에 가능했다.

2024년 11월
한국국학진흥원 인문융합본부

차례

들어가는 말: 이문건과 『묵재일기』

이문건李文楗(1494-1567)의 자는 자발子發, 호는 묵재默齋 또는 휴수休叟이다. 그는 승문원 정자를 지낸 부친 이윤탁李允濯과 모친 고령신씨 사이의 3남 2녀 중 3남으로, 서울 주자동에서 출생했다.

1513년(중종 8) 사마시에 입격한 이문건은 이후 둘째 형 이충건과 함께 조광조의 문하에서 수학했다. 1519년(중종 14) 기묘사화로 인해 조광조가 사사賜死되자, 이문건 형제는 스승의 시신을 수습하고 예를 갖추어 조상弔喪했다. 이 사건으로 인해 이충건은 유배를 받아 배소配所로 가던 중 사사되었고, 이문건 역시 9년 동안 과거에 응시할 수 없는 정거停擧를 당했다.

1527년(중종 22) 정거에서 풀려난 이문건은 이듬해인 1528년(중종 23) 별시 문과를 급제하여 관직에 나아갔다. 이후 그는 승문원 주서, 시강원 설서·사서 등을 두루 거쳤고, 승문원 박사와 사간원 정언 등을 역임했다. 1535년 1월 모친상을 당한 그는 2년여의 여묘廬墓를 마친 뒤, 다시 사간원 정언으로 복직했다. 이후 이조 좌랑, 승문원 판교, 승정원 부승지 등을 지냈고, 중종이 승하하자 홍문관 응교로서 빈전도감殯殿都監의 낭청으로 활동했다.

특히 이문건은 글씨에 매우 뛰어나 그 명성이 높았고, 인종이 승하했을 때 명정銘旌과 시책諡冊, 신주神主 등을 직접 작성하기도 했다. 인종의 국상을 마친 후 이문건은 승정원 동부승지를 제수받았지만, 1545년(명종 1) 9월 조카 이휘李煇로 인해 을사사화에 연좌되어 관향貫鄕인 성주로 유배되었다. 이후 해배되지 못한 채 74세의 나이로 배소에서 생을 마감했다.

이문건은 아내 안동김씨(1497-1566)와의 사이에서 5명의 아이를 낳았는데, 모두 어려서 죽고 아들 이온李熅(1518-1557)만이 장성해서 성혼했다. 아내 안동김씨는 종사랑從仕郞을 지낸 김언묵金彦黙의 딸로, 그녀의 모친은 의성김씨 김익겸金益謙의 딸이다. 모친 의성김씨의 여동생은 박용朴墉과 혼인했는데, 박용의 딸이 1524년(중종 19) 세자빈으로 간택되었다. 즉, 인종비 인성왕후仁聖王后 박씨와 안동김씨는 외사촌 사이였다. 한편 안동김씨의 오빠 김석金錫은 처남 이문건의 조카 이휘李煇를 사위로 두어, 두 집안은 연혼관계를 맺기도 했다. 이처럼 고위관료 출신의 이문건은 비록 유배 중이었지만, 사회적 인맥과 지연 등을 바탕으로 지역사회에서 상당한 지위를 누릴 수 있었다.

한편, 이문건의 아들 이온은 어릴 적 열병을 앓은 뒤, 그 후

『서울 이윤탁 한글
영비 탁본』, 국립중앙박물관
소장

이문건이 부친 이윤탁의
묘를 모친인 고령신씨 묘
와 합장하면서 1536년(중
종 31) 묘 앞에 세운 묘비.
비의 옆쪽 양면에 묘의 훼
손을 경계하는 글과 글씨
를 써서 직접 새겼다. 보물
제1524호

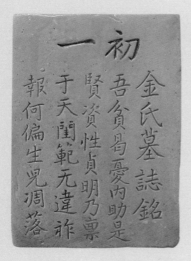

그림2 안동김씨 묘지명, 충북대학교박물관 소장

이문건이 직접 쓴 아내 안동김씨 묘지명

유증으로 지능이 약간 부족했고, 이에 조부인 이문건이 대신 손자녀의 교육을 도맡았다. 이온은 김해김씨와의 사이에서 1남 3녀를 낳았는데, 아들 이숙길李淑吉(1551-1594)은 이문건이 작성한 『양아록養兒錄』의 주인공이기도 하다.

『묵재일기默齋日記』(1535-1567)는 현전하는 일기류 자료 중 최고最古의 기록으로, 약 32년간의 기록 중 일부가 결락되어 17년 8개월분이 남아 있다. 16세기 대표적 일기 자료인 유희춘의 『미암일기眉巖日記』(1567-1577)와 오희문의 『쇄미록瑣尾錄』(1591-1601)과 더불어 당시의 사회상을 파악하는 데 매우 중요한 자료이다.

순서	책	시기	주요 내용
거우일기	1	1535. 11. 1.–1537. 6. 3.	모친상으로 시묘·탈상 이후 사간원 정언 제수
관직일기	2	1545. 1. 1.–1545. 4. 23. 1545. 9. 6.–1546. 1. 29.	승정원 동부승지 제수 이후 을사사화로 피화되어 경상도 성주로 유배
	3	1546. 2. 1.–1547. 1. 29.	
	4	1548. 1. 1.–1548. 6. 30.	
	5	1551. 1. 1.–1552. 12. 30.	손자 이숙길 출생
	6	1553. 1. 1.–1555. 3. 29.	
유배일기	7	1555. 4. 1.–1557. 5. 29.	
	8	1557. 7. 1.–1559. 4. 23.	아들 이온 사망
	9	1561. 1. 7.–1562. 10. 28. 1563. 7. 4.–1563. 12. 30.	1563. 7. 4.–1563. 12. 30.(-일지형태로 병록)
	10	1563. 1. 1.–1567. 2. 16.	아내 안동김씨 사망

　　이문건은 그날그날의 중요 사건들을 간략한 일지 형식으로 기록해 둔 것으로 추정된다. 그는 추후 일지를 정리하는 과정에서 앞서 빠뜨렸거나 나중에 알게 된 새로운 사실들을 첨가하여 수정한 뒤 이를 책으로 묶었다. 『묵재일기』 9책에는 미처 정리하지 못한 일지 형태의 기록이 정리본과 함께 나란히 수록되어, 그가 추후 자신의 일지를 바탕으로 기록을 재정리했음을 확인할 수 있다.

　　이문건은 때로 자신의 일기를 타인에게 읽도록 권했다는 점에서, 그가 일기를 사적인 내면의 범주로 인식하지 않았던 것으

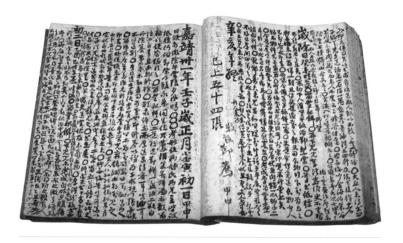

그림 3 『묵재일기』, 국가유산청 국가유산포털에서 전재

로 보인다. 당시 일기류 기록은 개인의 내밀한 생각과 감정을 담은 사적 기록이 아닌, 집안의 대소사 및 가계 운영의 구체적 내용을 담은 공적 기록이었다. 그럼에도 불구하고 이문건은 자신의 개인적 감정이나 소회 등을 가감 없이 매우 진술하게 기록했다. 이 같은 그의 글쓰기 방식은 자신의 내면뿐만 아니라 주변 인물들의 심정적 변화와 갈등까지도 세밀히 파악할 수 있게 해 준다.

그는 자신의 주변에서 벌어지는 소소한 일상들을 꼼꼼하게 기록했는데, 특히 노비의 일상에 관한 매우 세밀한 기록을 남겼다는 점이 주목된다. 그는 노비의 이름뿐만 아니라 이들의 가족

관계 및 사환 형태, 잘못을 저지른 노비에 대한 노주의 처벌과 노비의 대응 등을 세세히 서술했다. 이에 자신의 기록을 남기지 못하는 노비의 삶에 대한 보다 풍부한 자료를 제시해 준다.

이 글은『묵재일기』에서 확인되는 이문건의 '노비'에 관한 기록에 근거하여, 당시 성주에 거주하는 이문건가 가내사환 노비의 생활상을 재구성한 것이다. 이 글에서 확인되는 이문건가 노비의 모습이 동시대 노비들에 관한 보편적 경험이나 인식이라고는 확언할 수 없지만, 이는『묵재일기』를 근거로 구성한 당시 노비생활상 중 하나의 사례이다.

1

노비사환과
의식주

임신과 출산

　노비와 토지는 조선시대 양반의 신분적 지위와 생계를 유지하는 매우 중요한 경제적 기반으로, 이문건 역시 상당수의 노비와 토지를 소유했다. 노비의 가장 확실한 확대재생산은 무엇보다도 이들의 출산을 통해 이루어졌다. 노주는 노비의 출산을 독려하고자, 많은 수의 자녀를 낳은 노비에게 신공身貢 면제 등 특별한 혜택을 베풀기도 했다. 그러나 당시 영·유아사망률은 매우 높았고, 특히 노비의 경우 영양 상태, 구료救療, 육아에 대한 관심 등이 상대적으로 부족할 수밖에 없었다.

　조선시대 평균 수명에 대한 정확한 통계가 없지만, 일제강

점기인 1930년대 통계 추계에 따르면 태어나서 5년 이내 사망 확률은 약 41%에 달했다. 『묵재일기』에서 확인되는 가내사환 비의 출산 기록은 총 22회(유산 2회)로, 이 중 자녀의 사망 기록은 총 11회이다. 출산일과 사망일이 확인된 8건을 살펴보면, 이들의 사망 시기가 1-2세 5건(62.5%), 4세 1건(12.5%), 7세 2건(25%)으로 영아기 사망률이 압도적으로 높았음을 확인할 수 있다.

구분 이름	배우자	자녀 이름	성별	출산일	자녀 생존 여부	비고
눌질개	-	수명	남	미상	사망(1555. 5. 20.)	
춘비	방실	검동	남	미상	사망(1551. 8. 14.)	
주지	만수	-	남	1551. 9. 15.	사망(1551. 9. 28.)	
돌금	야찰	유복	남	1553. 1. 17.		
온금	종년	억종	남	1553. 3. 19.	사망(1556. 11. 16.)	
주지	만수	만성	남	1553. 4. 4.		
옥춘	효원	-	남	1555. 1. 4.		
유덕	귀손	선복	여	1555. 9. 26.	사망(1561. 5. 25.)	쌍생아
		후복	여	1555. 9. 26.	사망(1561. 윤5. 10.)	
향복	-	-	여	1556. 11. 12.		
주지	만수	-	남	미상	사망(1556. 11. 13)	
주지	만수	-	여	1558. 8. 11.		
윤개	연수	-	남	1558. 9. 25.	사망(1559. 1. 2)	
옥춘	효원	-	남	1558. 12. 25.		
개금	종금이	-	남	1559. 2. 20.	사망(1559. 3. 7.)	

주지	만수	-	-	1561. 4. 25.	-	유산
가절종	서동	-	여	1561. 11. 12.	사망(1561. 11. 12.)	
주지	만수	-	-	1562. 2. 30.	-	유산
윤개	연수	-	남	1562. 5. 27.		
주지	만수	-	남	1563. 10. 5.	사망(1564. 1. 27.)	
주질덕	-	-	남	1563. 10. 30.		
주지	만수	-	남	1565. 2. 6.		

표 1   이문건가 가내 사환비의 출산

임신은 특별한 질병이 아닌 자연스러운 현상으로, 비들은 임신 여부에 대한 별다른 배려 없이 사환되었다. 1551년 8월 비 주지는 만삭의 몸으로 이문건의 아내 안동김씨의 괴산 행차를 배행해야 했고, 성주로 돌아온 주지는 15일 뒤 아이를 출산했다. 성주에서 괴산까지의 왕복 여정은 출산을 1달여 앞둔 임산부의 몸으로 감당하기 힘든 일이었지만, 이는 노주에게 고려 대상이 되지 않았다.

임신의 경우와 달리, 노주는 소유비의 출산과 산후 조리에 상당한 배려와 혜택을 제공했다. 노비의 출산은 곧 노주의 재산 증식을 의미했기에, 이들에게 최대한 안정적 출산과 산후 조리를 제공하고자 노력했다. 이와 관련하여 『경국대전經國大典』 형전刑典 공천公賤에는 입역立役하는 비가 출산하면 산모는 출산에 앞서 1달, 출산 이후 50일의 휴가를 주었고, 산모의 남편 또한 출산 이후 15일의 휴가를 주도록 규정되었다. 산모뿐만 아니라, 남편에게도 휴가를 주어 산후 조리를 도울 수 있도록 조처한 것이다. 물론 이 같은 규정이 개인이 소유한 사노비에게도 적용 되었는지 확언할 수 없지만, 노주들 역시 소유노비의 출산과 산후 조리에 많은 관심을 보였다.

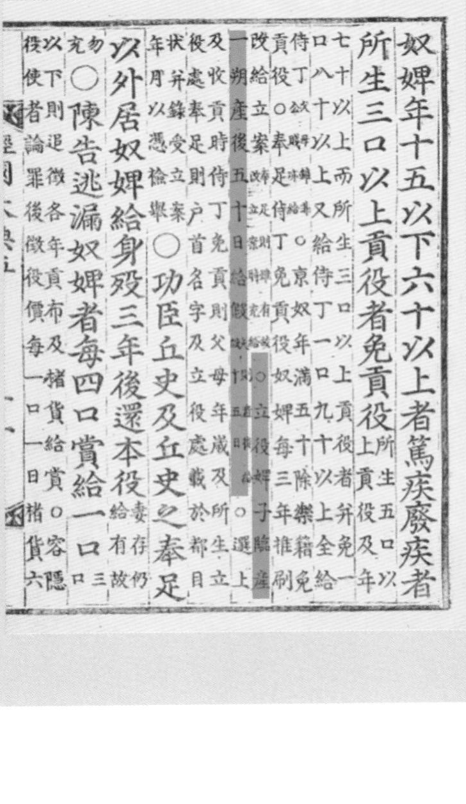

그림 4 『경국대전』 「형전」 공천, 공노비의 휴가에 대한 규정, 서울대학교 규장각한국학연구원 소장

이문건과 그의 가족은 성주의 노제老除된 향리 배순의 집을 빌려 지냈는데, 그의 집에는 몇몇 공간에만 온돌시설이 갖추어져 있었다. 이곳은 평소 노주와 그 가족들이 사용했지만, 겨울철에 해산하는 비들은 따뜻한 온돌방에서 출산하도록 배려되었다. 1556년 11월 비 향복은 하가下家의 남쪽 집(南舍) 온돌방에서 딸을 출산했다. 1558년 12월 비 옥춘 역시 동가東家의 온돌방에서 아이를 낳았는데, 얼마 전 남편을 잃은 옥춘을 위해 비 돌금에게 산후 조리를 돕게 했다. 이처럼 노주는 산모가 따뜻하고 편안한 곳에서 출산할 수 있도록 배려했고, 남편 없는 출산한 비의 경우, 다른 이들에게 산후 조리를 맡겼다.

한편, 산모의 건강과 원활한 출산을 위해 노주가 약을 지어 주기도 했다. 1555년 3월 출산을 앞둔 비 유덕이 잦은 복통을 호소하자, 유덕에게 보안환保安丸을 지어 주었다. 1562년 2월 임신한 주지에게 갑작스러운 하혈이 있자, 이문건은 황금과 백출을 첨가한 사물탕四物湯을 지어 복용하게 했지만 결국 아이가 유산됐다. 한편 다음날까지 죽은 아이의 태반이 나오지 않자, 이문건은 주지의 후산後産이 원활히 이루어지도록 약을 지어 먹이기도 했다.

자녀 양육

노비의 자녀 양육은 영양 상태, 구료, 육아에 대한 관심, 위생 등 여러 측면에서 매우 열악했다. 노주는 자녀의 건강에 이상이 있거나 영양이 부족하다고 판단될 경우, 수유 중인 비의 젖을 자녀에게 먹이기도 했다. 1553년 1월 비 돌금이 아이를 출산하자, 이문건은 손녀 숙희가 근래 몸이 약해졌다는 이유로 돌금에게 젖을 먹이도록 했다. 이처럼 젖먹이를 둔 비들은 때로 어린 상전의 젖어미가 되어야 했고, 결국 제대로 젖을 먹지 못한 노비의 아이가 영양 부족으로 사망하기도 했다.

이문건가 노비의 자녀 양육은 이문건의 손자 숙길의 양육 과정을 통해 살펴볼 수 있다. 이문건의 아들 이온은 김해김씨와의 사이에서 1남 3녀를 두었는데, 당시 대부분의 양반가문과 마찬가지로 유모를 두어 자녀의 육아를 담당하게 했다. 특히 이문건은 손자 숙길의 양육에 많은 관심을 보였고, 숙길의 출생과 성장 과정을 시문詩文의 형식으로 기록한 『양아록養兒錄』을 남기기도 했다.

이문건은 며느리 김해김씨의 출산이 다가오자, 점쟁이(卜生) 김자수를 불러 출산에 관해 점을 쳤다. 이때 김자수는 딸을 낳을 것 같지만, 만약 아들을 낳는다면 모친과 서로 좋지 않으니

'목木' 자가 들어간 성을 가진 비에게 대신 기르도록 하라는 점
사를 내렸다. 1551년 1월 숙길이 태어나자, 이문건은 김자수의
점사를 따라 유모를 두어 손자를 돌보도록 했다.

처음 숙길의 유모로 정해진 비는 눌질개였다. 그러나 그녀
는 유모가 된 지 불과 5일 만에 젖이 잘 나오지 않는다는 이유
로 유모를 그만둘 뜻을 보였고, 결국 유모는 눌질개를 대신해
춘비로 바뀌었다. 이문건은 유모를 정할 때 젖의 양뿐만 아니라
그 성품까지 고려하는 등 매우 신중한 태도를 보였다. 당시 춘
비에게도 젖먹이가 있었지만, 이문건은 춘비가 성정性情이 좋지
않다는 이유로 눌질개를 유모로 결정했다. 그러나 눌질개는 숙
길 때문에 자기 아이에게 먹일 젖이 부족해지자 결국 유모를 그
만둘 것을 청했고, 노주는 눌질개의 이 같은 결정을 말리지 못

했다. 자기 자식을 잘 돌보겠다는 이유로 유모의 역할을 그만두 겠다는 어미의 뜻을 노주가 강제할 수는 없었다.

처음에는 춘비 역시 숙길을 잘 보살피는 듯했지만, 얼마 지나지 않아 아이를 돌보는 일에 게으름을 부렸다. 밤에는 벽에 기대어 졸면서 심하게 코를 골았고, 아이가 그 소리에 놀라 울며 잠을 깨기도 했다. 1551년 8월 춘비가 유종(乳腫)으로 앓아눕자, 이문건은 춘비에게 약을 지어 먹이는 등 적극 구료했으나 결국 2달여 만에 사망했다. 한편 평소 어미젖을 넉넉히 먹지 못한 춘비의 아들 검동은 어미가 병든 이후 그나마도 제대로 먹지 못한 채 결국 사망에 이르렀다.

때로 노비들은 자녀에 대한 보살핌 부족으로 아이를 잃기도 했다. 1556년 11월 비 주지가 아이를 움집(土宇)에 둔 채 잠시 살피지 못했는데, 그 사이 아이가 경기를 일으키며 온몸을 떨다가 결국 그날 밤에 갑자기 죽었다. 아이의 죽음은 어미가 잠든 동안 벌어진 일로, 미처 이를 알아채지도 못했다. 한편 1559년 1월 비 윤개의 아이 역시 특별한 질병 없이 자다가 갑자기 죽었다. 이처럼 아이들은 특별한 병이 아닌, 부모의 돌봄 부족으로 사망에 이르기도 했다.

당시 영·유아 사망의 가장 큰 원인은 무엇보다도 질병에 의한 사망이었다. 의료 체계가 제대로 자리 잡지 못했던 조선시대에는 양반들조차 제때 필요한 약과 약재를 구하는 일이 쉽지 않았다. 이 같은 상황에서 상대적으로 경제력이 미약한 노비의 경우, 제대로 된 치료를 받기 어려웠다. 그러나 노주들은 소유노비의 건강 상태에 많은 관심을 기울였고, 이들을 구료하고자 노력했다.

1552년 5월 이문건이 괴산 등지를 방문하면서 약 보름간 집을 비웠는데, 그사이 어린 비 계향이 사망했다. 계향은 이문건이 괴산으로 출발하기 전부터 가벼운 설사 증세가 있었는데, 때마침 이문건이 집을 비운 탓에 제때 약을 먹이지 못한 채 앓다가 사망했다. 이문건은 어린 계향의 죽음을 운명이라 탄식하고, 복통으로 인해 제대로 먹지도 못한 채 죽은 계향을 몹시 가여워했다.

노비로 자라는 아이들

어린 노비들은 노주의 손자녀들을 돌보는 과정에서 때로 이들과 함께 싸우고 놀면서 자랐다. 노비들은 어린 노주와 함께 장난을 치고 놀았지만, 이들에게 놀이는 노비로서의 올바른 행동방식을 학습하는 과정이기도 했다. 노비들은 어린 시절부터 노주에게 복종하도록 교육되었고, 이를 어길 때에는 곧 체벌이 뒤따랐다. 한편 어린 노주 역시 노주로서의 역할과 노비를 제어하는 방식 등을 자연스럽게 체화하도록 교육받았다.

노비들은 노주의 자녀를 보호하는 일에 최선을 다해야 했고, 행여 어린 상전이 울거나 다치면 어김없이 체벌을 받았다. 어린 숙길을 데리고 목사의 행차를 구경하러 저수지 근처에 갔다 온 비 옥춘과 노 소근손은 각각 숙길을 위험한 곳에 데려간 죄와 밖으로 유인한 죄로 매를 맞았다. 비 개금은 어린 숙희를 업어 주기 싫어한다는 이유로 벌을 맞았다. 하지만 이 같은 체벌에도 불구하고 노비들은 어린 상전을 돌보는 일에 쉽게 염증을 냈다.

이들은 노주의 눈을 피해 어린 상전을 일부러 괴롭히거나 울렸고, 때로 이들이 부모나 조부모로부터 야단맞는 일을 내심 즐거워했다. 이문건의 아내 안동김씨는 며느리가 손녀 숙희를 자주 때리는데, 숙희가 매를 맞을 때면 비 옥춘이 이를 보고 즐거워한다며 남편 이문건에게 불만을 토로했다. 한편 옥춘은 어린 숙길을 윽박질러 크게 울리기도 했고, 소근손과 필이는 함께 놀다가 숙길만 두고 도망쳐, 놀란 숙길을 울리기도 했다.

어린 숙길은 공부보다 또래의 노비들과 어울려 놀기를 좋아해 자주 조부모의 걱정을 샀다. 숙길은 노 종만과 바가지를 두

드리며 이웃집 문 앞에서 구걸하는 걸인 흉내를 내는가 하면, 공부하다 몰래 도망쳐 노비들과 북을 치며 놀았다. 이때마다 숙길은 벌을 받았지만, 더 크게 혼나는 것은 숙길과 함께 놀던 노비들이었다.

1558년 1월 숙길이 노 억복과 씨름을 하며 놀았는데, 억복이 애써 숙길에게 지지 않으려 하자 이문건은 억복에게 매질하며 그 공손하지 못함을 벌했다. 같은 해 8월 숙길이 노 필이의 머리채를 잡아당기자, 화가 난 필이가 억복을 때려 크게 울렸다. 그러자 이문건은 필이가 상전인 숙길을 때리고 싶은 마음을 차마 그러지 못한 채 대신 억복을 때린 것이라며, 필이를 매로 때렸다. 이처럼 노비는 사소한 놀이도 결코 노주를 이겨서는 안 되었고, 마음속에 노주에 대한 반항심을 갖는 것조차 허락되지 않았다.

노주에 대한 절대복종은 이처럼 어린 시절부터의 소소한 일상에서부터 교육되었고, 이를 받아들이지 않을 때에는 곧바로 체벌로 이어졌다. 1563년 7월 숙길이 냇가에서 유복을 때린 일을 억복이 어미 돌금에게 고자질하자, 이문건은 억복을 불러 매를 때렸다. 비록 어린 상전이지만, 노비가 상전의 잘못을 고자질하는 일 역시 금지되었다.

이와 동시에 이문건은 숙길에게 소유노비를 은위恩威로 대

그림 6 김홍도, 《단원 풍속도첩》〈씨름〉, 국립중앙박물관에서 전재

하는 방식을 가르치고자 노력했다. 1562년 1월 숙길이 측간圊間에서 노 소근손을 부르자, 소근손이 밥을 먹다가 측간으로 달려 갔다. 이를 지켜본 조부 이문건은 비록 노비가 잘못한 일이 있더라도, 밥을 먹는 노비를 측간까지 불러들인 숙길의 지나친 태도를 나무랐다. 그러나 숙길은 자신의 입장을 강변하며 조부의 가르침을 수긍하려 들지 않다가 결국 매를 맞았다. 이처럼 노주 역시 어린 시절부터 노비에게 은혜를 베풀고 위엄으로 엄히 다스리도록 교육받았고, 노비에 대한 지나친 행동은 체벌로서 징계되었다.

노비들은 어린 시절부터 노비로서의 역할과 행동양식을 교육받았지만, 이들이 노주의 의지대로 충직忠直한 노비로 자라난 것은 아니었다. 이들은 노비로서의 적절한 행동양식뿐만 아니라, 노주에 대항하며 자신을 보호하는 방식 역시 스스로 배워나갔다.

숙길은 자기보다 어린 노 유복과 만성을 놀이 상대로 삼았는데, 이들은 매번 숙길에게 얻어맞는 등 괴롭힘을 당했다. 노비들은 숙길이 어린 노비들을 함부로 때리는 것을 내심 못마땅하게 여겼고, 때로 힘으로 숙길을 제압하기도 했다.

1555년 5월 이문건의 아내 안동김씨는 비 주지가 숙길에게 욕하는 것을 말리지 않았다는 이유로 유모 돌금과 주지에게 매를 때렸는데, 이 사건의 전말은 다음날 일기를 통해 보다 자세히 확인할 수 있다.

숙길이 자신의 아들 만성을 때리는 것을 보고 화가 난 어미 주지가, 오히려 만성을 숙길 앞에 세워 두고 더 때리라며 숙길을 다그치자, 놀란 숙길이 겁을 먹고 울면서 도망쳤다. 때마침 다듬이질하는 비들이 이 광경을 지켜보았으나, 아무도 숙길을 윽박지르는 주지를 말리지 않았다. 결국 조모 안동김씨는 주지의 이 같은 행동을 저지하지 않았다는 이유로 유모 돌금에게 매를 때렸고, 다음날 아침 이문건이 다시 주지에게 매를 때렸다.

한편 사건의 현장에 있었던 비들은 당시 상황을 바라보면서 '마음이 불편했다'라며 변명조의 말을 늘어놓기는 했지만, 실제 아무도 주지의 행동을 말리지 않았다. 평소 숙길이 어린 만성을 괴롭히는 것을 불만스러워 했던 차에 때마침 어미가 직접 나서 숙길을 혼내자 다들 짐짓 외면해 버렸던 것이다.

같은 해 7월 숙길이 만성을 때려 결국 만성이 울음을 터뜨리자, 곁에 있던 노 귀손이 숙길이 가지고 놀던 막대기를 빼앗아 부러뜨렸다. 숙길이 이 일을 조모에게 일러바치자, 안동김씨는 귀손을 불러 이를 꾸짖었고, 이문건은 귀손이 부러뜨린 막대기를 가져와 귀손에게 매를 때렸다.

노 억복 역시 숙길이 어린 만성이나 유복을 괴롭힌 사실들을 매번 그 어미들에게 전했고, 이로 인해 자주 체벌 받았다. 1562년 3월 억복이 만성의 어미 주지에게 숙길이 만성을 괴롭힌 사실을 일러바쳤다. 이에 화가 난 숙길은 오히려 만성을 더욱 괴롭힐 요량으로, 만성에게 다른 사람의 칼을 훔쳐 오도록 시켰다. 이 같은 사실이 발각되자, 조모 안동김씨는 쓸데없이 어미 주지에게 말을 전했다는 이유로 억복을 매질했다. 그러나 억복은 매번 매를 맞으면서도, 숙길의 행동을 모르는 채 넘기지 않았다.

이 같이 노비들은 어린 시절부터 노주에게 절대 복종하도록 교육받았지만, 이들은 결코 노주의 뜻대로 행동하지 않았다. 노비들은 비록 자신이 체벌 받게 될지라도 노주의 부당한 처우에 맞서고자 했고, 이 과정에서 자신뿐만 아니라 다른 노비들까지 배려하고 보호하는 방식을 습득해 나갔다.

가내사환 노비의 일상

조선시대 양반에게 노비는 토지와 더불어 양반으로서의 삶을 지탱해 주는 매우 중요한 요소였다. 노비는 양반의 일상생활 유지뿐만 아니라 죽은 이후에도 필요한 존재로, 양반들은 장례

때 나무로 노비의 형상을 깎아 만든 동인桐人을 넣어 함께 매장하기도 했다.

1557년 10월 이문건은 아들 이온의 장례를 준비하면서, 안봉사 승려 각민에게 나무인형을 만들도록 했다. 하지만 각민이 만든 나무인형의 모양이 매우 치졸하자, 그를 안봉사로 돌려보낸 뒤 직접 나무인형 10개를 완성했다. 이문건은 아들이 죽은 이후에도 노비의 수발을 받으며 편안하게 지내라는 마음을 담아, 나무를 깎고 다듬으며 아들을 앞세운 슬픔을 위로했다.

양반들은 노비의 노동을 통해 일상을 유지했지만, 이들 역시 가급적 노비사환을 줄이고자 노력했다. 1546년 11월 이문건은 앞으로 약주를 데우는 일을 노비에게 시키지 않고 자신이 직접 화로에서 데워 마시기로 결심하고, 내처 세숫물을 대령하는 일 역시 노비의 손을 빌리지 않은 채 스스로 할 것을 항식으로 삼으리라고 마음먹었다. 하지만 이 같은 결심은 그리 오래가지 못한 것으로 보인다.

이문건 집안의 가내사환 노비는 성별과 연령에 따라 집안일을 분담했는데, 각각의 역할 분담이 고정적인 것은 아니었다. 이문건가의 어린 노(少童)와 비(少婢)들은 주로 상전의 안전사환眼前使喚을 담당했다. 이들은 이른 새벽부터 밤까지 노주의 움직임에 맞춰 온갖 잔심부름을 했다. 이른 새벽부터 노주를 위해 방에 등잔을 켜고 세안을 위한 탁자를 설치한 후 세숫물을 대령해야 했고, 상전의 머리 빗기기부터 잠자리에 들기 전 발을 주무르는 일까지 일거수일투족을 도와야 했다. 이들이 담당한 일들은 방 청소, 이부자리 교체, 약이나 술 등을 데우기, 신발 간수, 화분과 화단 관리, 화로 관리, 마당 쓸기 등 이루 다 열거할 수 없을 정도로 다양했다. 이 밖에 이문건의 어린 손자녀를 돌보는 일을 담당했고, 틈틈이 집안일을 배워 나갔다.

장년층의 노비들은 노와 비의 역할을 나누어 살펴볼 수 있다. 이문건가의 노들은 대부분 괴산에 위치한 농장農庄에서 농사를 지었다. 하지만 농장에 거주하는 노비와 주가에서 가내사환하는 노비가 정해진 것은 아니었다. 이들은 각각의 상황에 따라 교차사환 되기도 했다. 1551년 2월 괴산노 상손이 찾아와, 온손에게서 쫓겨났다며 더 이상 괴산 농장에 머물지 않겠다는 뜻을 보였다. 온손은 괴산 농장의 마름(舍音)으로 추정되는데, 아마도 노 상손과 온손 사이에 갈등이 불거지면서 상손이 괴산 농장에서 쫓겨난 것으로 보인다. 다음 달 상손은 괴산에 살던 어미와 아내를 데리고 성주 이문건가로 옮겨 왔다. 이후 상손 가족은 주가에서 가내사환 되었는데, 농번기에는 상손 역시 괴산 농장에서 농사일을 도와야 했다.

한편, 가내사환노들은 서울과 지방 각지에 편지와 물건을 전하거나 외방에 거주하는 노비 신공을 거두는 일을 담당했고, 상전의 외출을 배행하는 일 역시 이들의 몫이었다. 이 밖에 땔감 마련, 방아 찧기, 뽕잎 채취, 삼굿하기, 집수리, 말과 마구간 관리 등 집안에서 벌어지는 일상생활과 관련된 다양한 일들을 처리했다.

장년층 비들은 주로 침선針線과 취사를 담당했는데, 이 중 바느질 등을 담당한 비들을 침선비라고 불렀다. 양반사대부가의 의복 손질은 바느질뿐만 아니라 빨래하기와 삶기, 풀 먹이기, 다듬이질하기 등 매우 손이 많이 가는 일이었다. 이 밖에 누에 치기와 실잣기, 직조織造와 염색 역시 이들 침선비의 몫이었다.

음식을 담당하는 비는 취비炊婢 또는 주비廚婢라고 불렀다. 이들의 임무는 일상적 식사 준비였지만, 이 밖에 각종 제사의 제수 마련 역시 매우 중시되었다. 이문건 집안은 1년에 기제사 5~6회를 비롯하여, 시제時祭와 각종 절일제節日祭, 돌아가신 부모님의 생휘일제生諱日祭 등 평균 10여 회의 제사를 지냈다. 때로 성주관아에서 제물과 제수 등을 마련해 보내주기도 했지만, 대부분의 경우 이문건의 아내 안동김씨가 직접 취비를 거느리고 제사 음식을 마련했다. 그러나 취비의 위생 관념은 그리 좋지 않았던 것으로 보인다. 때로 밥에서 돌이나 지푸라기가 나오는가 하면 쥐똥이나 구더기 등이 음식에서 섞이기도 했고, 이

때문에 자주 매를 맞았다. 이 밖에 곡식을 찧고 까부르는 일, 텃밭에 채소를 심고 나물 캐는 일 역시 이들 취비의 몫이었다.

노년층의 노비들은 집안 살림의 오랜 경험과 연륜이 필요한 일들을 주로 담당했다. 장독 관리나 산파, 환자의 병수발, 이 밖에 상전을 위한 방직房直 등을 담당했다. 이때 방직은 상전에 대한 안전사환에서부터 시침侍寢까지를 책임지는 역할로, 이들은 갑작스러운 상전의 명령에 대비하여 상전이 거처하는 방 근처에서 머물며 직숙했다. 한편 방직에는 일상적 사환뿐만 아니라 남성 노주의 성적性的 대상이라는 의미가 포함되기도 했다. 그러나 이문건의 아내 안동김씨는 평소 남편의 외정外情을 심하게 질투했고, 이에 이문건 집안의 방직은 대부분 나이 많은 노비나 어린 노비들이 담당했다.

생활공간과 의식주

가내사환 노비는 사환의 반대급부로 노주로부터 기본적인 의·식·주를 제공받아 생활했고, 때로 급료를 받기도 했다. 그러나 이는 생계를 유지할 수 있는 기본적 수준일 뿐 만족할 만한 정도는 아니었다.

이문건 집안의 노비들은 각각 거주 공간을 지급받았는데, 가족이 없는 혼인 이전의 노비들은 몇몇이 짝을 이루어 함께 거주했다. 때로 노비들은 함께 방을 쓰기를 싫다는 이유로 서로 다투기도 했다. 1537년 3월 노 야차가 수손과 같은 방을 쓰지 않겠다고 고집을 부리자, 이문건은 야차에게 매를 때리고 이를 질책했다. 이처럼 노비들은 노주의 명에 따라 동성同性의 다른 노비들과 함께 지내야 했고, 때로 마음이 맞지 않는 동료와 다툼을 벌이기도 했다.

노비들은 혼인과 더불어 가족 단위의 생활공간을 지급받았고, 자신의 사적 재산을 소유할 수 있었다. 1551년 7월 이문건은 비 주지가 지난밤 아들 이온의 옆에서 직숙하지 않고, 자신의 방으로 되돌아간 일에 대해 추궁했다. 그러자 주지는 얼마 전 이웃집에 도둑이 든 일이 있었는데, 이후 비 삼월이 노비들에게 각자의 방에서 잠을 자도록 했기 때문에 이를 따랐을 뿐이라며 변명했다. 이에 이문건은 삼월을 불러 매를 때리고, 주지 역시 노주의 곁을 지키지 않은 죄를 물어 체벌했다. 이처럼 노비들은 자기 소유의 재산을 지니고 있었고, 노주의 명령보다 재산을 지키는 일에 많은 더 관심을 보였다.

성주로의 유배 이후 이문건과 그의 가족은 향리 배순의 집을 빌려 지냈는데, 이곳은 크게 이문건 등 남성들의 공간으로 사용된 상가上家와 아내와 딸 등 집안의 여성들이 머물던 하가下家, 그리고 아들 이온 내외와 가족들이 거주하던 동가東家로 구성되었다. 이 밖에 노비들의 거처로 행랑行廊과 몇몇의 움집(土宇)이 있었다.

이문건은 노비들의 거처를 움집이라고 불렀는데, 이는 말 그대로 출입문만 있을 뿐 창문이나 온돌 등의 난방시설을 갖추지 못했다. 1555년 12월 노 소근손과 필이가 방에 화로를 들여놓자, 이문건은 불이 날 위험이 있다는 이유로 이를 금지하고 매를 때렸다. 이처럼 노주는 화재를 이유로 겨울에도 노비에게 화로 등 난방 기구의 사용을 금지했다.

그러나 혼인과 더불어 가족을 이룬 노비의 경우, 자신의 방에 온돌 등 난방시설을 갖추기도 했다. 이는 어린 자녀를 둔 노비 가족의 경우, 난방의 필요성이 상대적으로 높았기 때문으로 보인다. 1553년 9월 비부婢夫 방실은 노주 이문건의 만류에도 불구하고 자기 방의 구들을 고쳤다. 한편 만수 부부 역시 온돌을 갖춘 방에서 지낸 것으로 보인다. 1555년 12월 괴산에 사는 조반趙胖이 노비 추쇄의 일로 이문건을 찾아오자, 그는 마땅한 거처를 구하지 못한 조반을 위해 만수 부부의 방을 내어 주도록 했다. 한겨울에 손님을 냉방에서 묵게 할 수는 없었을 것이라는 점에서, 이들 부부의 방 역시 난방시설을 갖추었을 가능성이 있다.

주가의 행랑채에 거주하는 혼인 이전의 노비들과 달리, 노비 가족의 거주 공간은 노주의 거처와 일정 정도 떨어져 위치했다. 이에 혼인 이후의 노비 부부는 상대적으로 노주로부터 독립적 생활을 유지할 수 있었다. 1562년 7월 만수 부부가 크게 싸우며 소란을 피우자, 이문건이 만수를 불러 그 자초지종을 물었다. 만수의 말에 따르면, 얼마 전 비부 종년이 비 돌금과 간통한 사실이 발각되어 집에서 쫓겨났는데, 이후 이들이 노주의 눈을 피해 계속 만나 왔다고 한다. 한편 비부 종금 부부는 자신들의 방까지 빌려주며, 이들이 노주 몰래 만날 수 있도록 도왔다는 것이다. 이는 노비들의 거주 공간이 비록 주가에 속해 있었지만, 이들 노비의 사적인 생활은 노주의 감시와 간섭에서 일정 정도 거리를 유지할 수 있었음을 보여준다.

　　한편, 이문건 집안 노비의 식생활을 살펴보면, 다음과 같다. 노비들에게는 평상시 2끼, 농번기에는 3끼의 식사가 제공되었다. 이들의 식사는 취비 삼월의 지시에 따라 준비되었는데, 삼월은 매번 넉넉한 양의 음식을 준비하지 않아 문제를 일으켰다. 1554년 11월 이문건은 괴산댁 심부름꾼에게 장醬을 넉넉히 주지 않는 등 박절하게 대했다는 이유로 비 삼월에게 매를 때렸고, 1556년 11월에는 필공筆工에게 점심을 제대로 주지 않았다는 이유로 삼월을 체벌했다.

노비들은 제때 밥을 주지 않거나 음식이 부족하다는 핑계로 일하지 않았고, 일부러 물건을 부수고 노주의 명령을 듣지 않는 등 잦은 말썽을 피웠다. 1552년 2월 이른 아침부터 비들이 노주 이문건에게 몰려와, 노들이 배부르게 밥을 주지 않는다는 이유로 자기들이 맡은 일들을 제대로 처리하지 않고, 이 때문에 음식을 만들 땔감조차 부족하다며 불만을 토로했다. 이어서 노들이 물을 제때 주지 않았다는 등의 사소한 이유로 크게 화를 내며 그릇을 던져 부수기도 한다며, 노주에게 하소연을 했다.

이는 부족한 식사량과 관련해 노와 비들 사이에서 벌어진 다툼의 한 사례로, 노들은 밥이 부족하거나 제때 밥을 주지 않았다는 이유로 자주 태업怠業을 했고, 때로 배가 고파서 맡은 일을 처리할 수 없다며 트집을 잡았다. 결국 태업에 대한 벌은 그 원인 제공자로 지목된 취비들에게 전가되었다. 1545년 3월 아내 안동김씨는 노비들의 식사를 제때 준비하지 않은 비 춘비에게 매를 때리고 저녁까지 굶도록 벌을 내렸고, 1556년 2월 하인의 식사를 늦게 준비했다는 이유로 비 개금의 뺨을 때렸다.

한편, 이와 관련하여 취비들의 행동이 주목된다. 이문건 집안에서는 비 삼월이 주로 부엌일을 담당했고, 비 무기와 주지 등이 일을 도왔다. 이 밖에 어린 비들이 옆에서 심부름을 하며 부엌일을 배워 나갔다. 취비 삼월은 노비의 식사 마련뿐만 아니라 각종 음식물을 보관하거나 관리하는 일을 담당했는데, 매번 넉넉지 못하다는 이유로 불만을 샀다. 하지만 이는 삼월 등 취비들이 주가의 음식을 몰래 빼돌렸기 때문으로 보인다.

식재료를 직접 다루는 취비들은 노주의 눈을 피해 중간에서 이를 횡령할 기회가 많았다. 부족한 음식량에 대해 추궁하는 노주에게 이들은 매번 고양이나 쥐들이 음식을 훔쳐 갔다고 변명했다. 1546년 5월 취비들이 '쥐가 은어 30마리를 훔쳐 갔다'고 보고하자, 이문건은 그저 자신이 '먹을 복(食福)이 없다'며 탄식했다. 1551년 12월 비 무기는 없어진 편육 20여 개를 고양이가 물어 갔다고 변명하다가, 결국 볼기 60대를 맞기도 했다. 이처럼 취비들은 노주의 눈을 속이며 사적으로 음식을 횡령했고, 그 결과 음식 부족으로 인한 갈등이 불거지기도 했다.

마지막으로 노비의 의생활을 살펴보면, 다음과 같다. 노비들은 때로 의복이나 삿갓(笠), 신발 등을 지급받았는데, 이는 노주가 주는 특별한 혜택의 의미를 지니기도 했다. 1548년 1월 이문건은 노 만수에게 새 옷을 지어 주었고, 1551년 9월 북산의 논을 농사짓는 노비들에게 새 의복을 만들어 보내 주었다.

하지만 대부분의 경우, 노주가 입던 낡은 옷을 주고 이를 고쳐 입도록 했다. 1545년 10월 노 금금이가 겨울옷이 없자, 이문건은 자신이 입던 낡은 옷과 새 무명 2필을 주고, 이를 덧대어 고쳐 입도록 했다. 1553년 2월 소천에 사는 노 문산이 신공을 바치기 위해 찾아오자, 이문건은 자신의 낡은 누비저고리와 버선 한 켤레를 주었다. 1557년 10월 서울에 사는 노 둔이가 찾아와 옷이 너무 얇아 추위를 견디기 힘들다고 사정하자, 이문건은 자신이 입던 무명 솜저고리를 내어 주기도 했다.

당시 의복은 노비의 생존을 좌우하는 중요한 문제였다. 1558년 11월 지방으로 신공 수취를 갔던 노 효원이 심한 감기로 앓아누웠다는 소식이 전해졌다. 이문건은 다음날 노 만수를 보내 효원을 간호하게 했으나 결국 그곳에서 사망했다. 이문건은 이를 며느리 김해김씨가 효원에게 옷을 제대로 지급하지 않아 벌어진 일이라고 생각하고, 만약 효원에게 두터운 옷을 주었더라면 감기로 죽지 않았을 것이라며, 자신과 며느리의 미련한 행동에 대해 후회했다.

의복의 중요성은 투탁投託한 이들에게 가장 먼저 의복이 지급되었다는 점에서도 확인할 수 있다. 이문건가에는 노비 이외에 생계유지나 피역避役 등을 이유로 일시적으로 투탁하는 양인들이 다수 존재했다. 이들 투탁인은 노동력 제공의 반대급부로 의·식·주를 제공받았고, 노비와 달리 언제든지 투탁처를 떠날 수 있는 자유로운 존재였다. 이후 투탁인이 사환을 포기하고 떠날 경우, 노비들은 노주가 이들에게 지급한 의복을 다시 빼앗기도 했다. 1551년 2월 조곡에 살던 양녀良女가 찾아오자, 이문건을 그녀를 집에 머물도록 허락하고 의복을 지급해 주었다. 하지만 얼마 뒤 조곡 양녀가 떠날 뜻을 보이자, 비들이 그녀에게 지급된 옷을 빼앗고 그녀를 내보냈다.

한편, 이문건은 노비들이 양반가의 노비답게 깨끗한 용모와 단정한 차림새를 갖추도록 했고, 행동거지 역시 이에 걸맞게 처신하도록 가르쳤다. 이에 머리를 빗지 않거나 옷에서 냄새가 나는 노비들은 체벌의 대상이 되었다. 1557년 2월 어린 비가 더러운 옷을 입고 맨발로 손님의 식사 시중을 들자, 이문건은 비들을 제대로 교육하지 못한 아내 안동김씨에게 불만을 토로하다 결국 부부싸움에 이르기도 했다. 이처럼 이문건 집안의 노비들은 깨끗한 용모와 단정한 차림새를 갖추어야 했고, 노비로서의 적절한 예의범절을 갖추도록 요구받았다.

2

혼인관계와
가족

가내사환의 선택과 혼인

혼인은 보다 안정적인 삶의 기반을 마련하기 위한 기본 요소로, 이는 노비들이 스스로의 삶에 더 적극적으로 대응하는 계기가 되었다. 이문건가의 가내사환 노비들은 대부분 혼인관계를 유지한 것으로 추정되는데, 출산 관련 기록을 중심으로, 사환비의 혼인과 출산, 자녀 등을 정리하면 다음과 같다.

아내(사망일)	남편(사망일)	자녀(성별-출산일)	자녀(사망일)
가절종	서동	불명(여-1561. 11. 12.)	사망(1561. 11. 12.)
개금	비부 종금이	불명(남-1559. 2. 20.)	사망(1559. 3. 7.)
눌질개	비부 방실	수명(남-불명)	사망(1555. 5. 20.)
돌금	야찰(1552. 8. 17.)	억복(1548. 6.)	
		유복(남-1553. 1. 17.)	
삼월	금금이(사망-미상)	향복(여-불명. 3. 5.)	
		향산(남-불명)	사망(1545. 1. 11.)
		계향(여-1544. 11. 5-추정)	사망(1552. 5. 29.)
옥춘	효원(1558. 11. 28.)	불명(남-1555. 1. 4.)	
		불명(남-1558. 12. 25.)	
온금(1561. 11. 3.)	비부 종년	불명(남)	
		억종(남-1553. 3. 19.)	사망(1556. 11. 16.)
		불명(여-1555. 9. 26.)	
유덕	거공(기별)/귀손	선복/후복(쌍생녀-불명)	사망(1561. 5. 25.)
			사망(1561. 윤5. 10.)
윤개	연수	연송(남-불명)	
		불명(남-1558. 2. 20.)	사망(1559. 1. 2.)
		불명(남-1562. 5. 27.)	
주지	만수	불명(남-1551. 9. 15.)	사망(1551. 9. 28.)
		만성(남-1553. 4. 4.)	
		불명(남-불명)	사망(1556. 11. 13.)
		불명(여-1558. 8. 11.)	
		불명(남-1563. 10. 5.)	사망(1564. 1. 27.)
		불명(남-1565. 2. 6.)	
주질덕	불명(필이 추정)	불명(남-1563. 10. 30.)	
춘비(1551. 9. 8.)	방실	검동(남-1551. 9. 15.)	사망(1551. 8. 14.)
향복	불명	불명(여-1556. 11. 12.)	

표 2 가내사환노비의 혼인과 자녀

가내사환비 중 남편이 없거나 불명확한 경우는 무기, 향복, 주질덕이 확인된다. 이 중 무기는 노비老婢로 이미 배우자가 사망한 것으로 보이며, 향복과 주질덕의 경우 출산에 관한 기록만 있을 뿐 남편이 명확하지 않다. 다만 노 필이가 향복이나 주질덕의 남편일 가능성이 있다. 이 밖에 개금, 눌질개, 온금, 춘비 등은 이문건 집안의 소유노가 아닌, 비부婢夫와 혼인관계를 맺었다.

이처럼 이문건 집안 가내사환 노비의 혼인율이 높았던 까닭은 무엇일까? 노주의 입장에서 볼 때, 노비의 혼인과 출산은 소유노비의 확대재생산이라는 측면에서 매우 중시되었다. 이에 노비의 혼인에는 노주의 의지가 어느 정도 반영되었는데, 이때 노주는 가급적 자신의 노비를 일반 양인과 혼인시킴으로써 소유노비의 확대를 기대했다. 양천교혼良賤交婚을 금지한 국가의 입장과 달리, 노주는 비부·노처의 노동력을 확보할 수 있을 뿐만 아니라 그 소생所生을 자신의 소유노비로 확보할 수 있는 양천교혼을 선호한 것이다.

이러한 노주의 입장을 견지할 때, 노들의 경우 혼인 대상의 폭이 비들에 비해 상대적으로 좁았음을 예상할 수 있다. 노주는 자신의 소유비가 양인 남성이나 타인의 소유노와 혼인할 것을 기대한 반면, 소유노의 경우 양녀와 혼인시키고자 했다. 그러나 경제력을 갖추지 못한 노의 경우, 양녀와의 혼인은 쉽지 않았다.

한편 타인 소유비와의 혼인은 종모從母의 관행에 따라 그 자식들이 타인의 소유노비가 된다는 점에서 노주의 반대가 있었다. 때로 이를 빌미로 노주가 소유재산의 일부를 기상記上하도록 강요하기도 했다.

기상이란 원래 자식이 없이 사망한 노비의 재산을 노주가 소유하도록 한 규정으로, 『경국대전』「형전」 공천에는 "공노비로 자녀 없이 죽은 자의 노비·전택은 그가 소속된 본사本司·본읍本邑에 귀속된다. 사노비는 그 재산과 함께 본주本主가 처분하는 것을 허용한다"라고 했다. 그러나 노주들은 자식이 있는 노비의 경우에도, 재산의 일부를 기상하도록 강요했다. 1561년 11월 이문건은 노 가지, 상이, 상실, 석지 등에게 노주의 허락 없이 타인의 소유비를 아내로 둔 죄를 물었고, 특히 비처와의 사이에서 5명의 아들을 둔 석지에게는 재산의 일부를 기상하도록 요구했다.

이처럼 노들은 일정 정도의 경제적 기반을 마련하지 못한 경우, 혼인관계를 맺는 일조차 쉽지 않았다. 그러나 이들이 주가에서 가내사환 할 경우, 노주의 소유비와 혼인관계를 맺을 가능성이 보다 높았음을 예상할 수 있다. 이에 경제적 기반이 열악한 노들에게 가내사환의 선택은 보다 안정된 삶의 유지와 혼

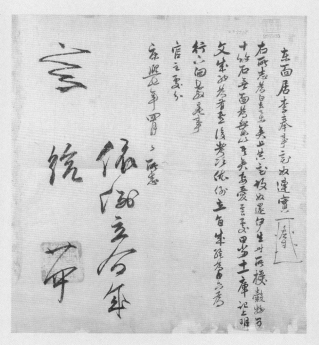

그림7 「이봉사댁 노 연실 소지李
奉事宅奴連實所志(土地關係)」, 서울대학교
규장각한국학연구관 소장

남편인 노 환이의 사망 이후 그 아
내가 상전 이봉사에게 토지를 기상
한다는 내용의 문서를 작성하고 관
의 입안을 받았다

인관계를 맺을 하나의 기회로 작용했다.

　　노비의 사환 방식은 기본적으로 노주의 뜻에 의해 결정되었
지만, 노비의 개인적 사정이나 의지 역시 반영되었다. 1536년
2월 이문건은 노 야차를 보내 비 거망의 둘째 아들을 데려오도
록 했는데, 그 아비 김유시가 함께 따라와 하소연(白活)하는 바
람에 결국 그를 다시 돌려보냈다. 이때 이문건은 거망의 아들을

데려와 직접 사환시키려 한 것으로 보인다. 그러나 아비가 노주를 찾아와 아들을 돌려보내 달라고 사정하자, 결국 그를 돌려보냈다. 이처럼 사환 방식의 결정에는 노주뿐만 아니라 노비의 의지 역시 일정 정도 반영되었다.

그렇다면 가내사환을 선택한 노의 경우, 과연 주가의 소유비와 혼인관계를 맺을 수 있었을까? 이는 노 귀손의 사례를 통해 살펴볼 수 있다. 진주에 살던 노 귀손은 1551년 무렵부터 이문건의 집에서 가내사환된 것으로 확인된다. 그해 1월 귀손이 비 유덕과 통간通姦했다는 의심을 받자, 노주 이문건이 귀손에게 사실 여부를 추궁했다. 그러자 귀손은 유덕과의 관계를 부인하면서, 이는 다른 노비들이 자신을 질시해 없던 일을 거짓으로 꾸며 낸 것이라고 변명했다. 심지어 그는 마음이 불안하여 더 이상 사환하지 못하겠다며 노주에게 으름장을 놓기도 했다. 결국 이문건은 남들에게 의심받을 만한 행동을 한 점을 들어 귀손을 꾸짖는 것으로 이 일을 마무리 지었다.

이듬해 2월 노 귀손이 관비 의금을 희롱한 일로 온 집안이 떠들썩해졌다. 이에 이문건이 귀손을 불러 꾸짖자, 귀손은 이는 도련님이 시켜서 한 일이라며 변명했다. 결국 이문건이 집안을 소란케 한 죄를 들어 귀손의 어깨를 50대 때리고, 의금의 종아리를 때렸다. 매를 맞은 귀손은 '죄 없이 매를 맞은 일이 억울하다'면서 도망치겠다고 분풀이해 댔고, 이 말을 들은 다른 노비들이 귀손의 옷가지를 숨긴 채 그가 도망치지 못하도록 했다. 다음날 지난밤 귀손의 행동을 전해들은 이문건은 노비를 시켜 귀손의 의복을 돌려주게 했다. 이어 귀손을 불러 놓고, 직접 자신의 뜻을 노주에게 말한 뒤 사환을 그만둘 일이지, 몰래 도망하는 일은 불손하다는 점을 깨우쳐 주었다. 당시 이문건은 귀손이 겉으로 알아듣는 척할 뿐 아마도 오래 머물며 사환할 뜻이 없을 것이라고 기록했다.

여기서 주목되는 점은 노 귀손이 주가에서 사환하면서 노주의 소유비와 접촉할 기회를 자주 가졌다는 것이다. 앞서 살펴본 바와 같이, 귀손과 비 유덕은 통간을 의심받을 정도로 친근한 관계였던 것으로 보인다. 1552년 3월 유덕은 남편 거공과의 혼인생활이 싫다는 이유로 도망쳤다가, 이듬해 3월 노 만수에게 잡혀 되돌아왔다. 다시 주가에서 사환하게 된 유덕은 결국 남편 거공과 기별棄別하고 귀손과 혼인관계를 맺었다.

이처럼 가내사환을 선택한 노들은 일상생활에서 주가의 소유비와 접촉할 기회가 많았고, 이는 이후 통간이나 혼인으로 이어지기도 했다. 즉, 이들에게 가내사환의 선택은 혼인관계를 맺을 수 있는 가능성을 높이기 위한 하나의 삶의 전략이었다.

안정된 삶의 유지와 혼인생활

혼인은 안정적 삶의 기반을 마련하기 위한 기본 요소였다. 노비들은 혼인 이후 보다 독립적인 생활을 영위할 수 있었고, 자녀를 낳아 키우면서 재산을 확보하기 위해 함께 노력했다. 이처럼 혼인은 노비들이 스스로의 삶에 보다 적극적으로 대응하게 되는 하나의 계기가 되었다.

괴산에 사는 노 억구지는 모두 4차례 혼인관계를 맺은 것으로 확인된다. 1548년 3월 첫 아내를 잃은 억구지는 후처^{後妻}를 얻었는데, 그녀는 1559년 3월 병으로 사망했다. 4년여 뒤인 1562년 9월 억구지는 다시 양녀를 아내로 삼았는데, 이때 그녀는 전남편과의 사이에서 태어난 2살 된 아들을 데리고 있었다. 그러나 1565년 11월 억구지가 다시 분대를 아내로 삼은 것으로 미루어 보아, 양녀와의 혼인관계는 그리 오래가지 못한 것으로 보인다.

한편, 배우자와의 사별이나 기별 이후 또 다른 혼인관계를 맺기까지의 기간이 매우 짧았다는 점은 당시 성별 노동의존도가 높았음을 방증한다. 비부 방실은 1551년 9월 아내 춘비가 사망하자, 약 3달 후인 11월 이문건가의 또 다른 비 눌질개와 재혼했다. 이문건의 집주인인 향리 배순의 아들 배관손 역시 아내가 사망한 지 3달 뒤 새로운 아내를 맞이했다. 배우자의 부재로 인한 노동력 공백을 빠른 기간 안에 메우기 위해 이들은 재혼을 서둘렀다. 이 밖에 의모義母나 의부義父, 의자녀義子女의 존재는 배우자의 사망이나 기별 이후 자녀를 데리고 새로운 배우자와 혼인관계를 맺는 일이 일반적이었음을 보여준다. 앞서 살펴본 노 억구지의 양처良妻는 2살 된 아들을 데리고 억구지와 혼인관계를 맺었고, 비부 종년 역시 자신의 아들 말질손을 데려고 비 온금과 혼인했다.

노비의 혼인생활은 노 만수와 주지 부부의 모습을 통해 보다 구체적으로 확인할 수 있다. 이들 부부가 언제부터 혼인관계를 맺었는지 정확히 확인되지 않지만, 1551년 9월 아내 주지의 출산 기록이 확인된다. 주지는 출산 이후 쉽사리 몸을 회복하지 못했는데, 이러한 상황에서 그녀는 이문건의 손자 숙길에게 젖을 먹여야 했다. 당시 숙길의 유모 춘비가 유종乳腫을 앓다가 죽었고, 며느리 김해김씨 역시 유종 때문에 숙길에게 젖을 먹일 수 없는 상황이었다. 이에 주지가 대신 숙길에게 젖을 물려야 했고, 결국 어미젖을 제대로 먹지 못한 주지의 갓난아이는 태어난 지 15일 만에 사망했다. 자식을 잃은 어미 주지는 한동안 밥도 먹지 못한 채 매우 슬퍼했다.

이후 주지는 다시 임신을 원했던 것으로 보이는데, 당시 남편 만수가 집짓는 일로 오랫동안 괴산에 머물게 되면서 뜻대로 아이를 가질 수 없었다. 결국 1552년 6월 주지는 남편을 만나기 위해 괴산까지 직접 걸어갔고, 결국 이듬해 4월 아들 만성을 낳았다. 이어 1556년 9월 다시 아들을 낳았으나, 얼마 후 아이가 갑작스러운 경기로 사망했다. 이어 주지는 1558년 8월 딸을, 1563년 10월과 1565년 2월에 각각 아들을 낳았다. 이 밖에 1561년 4월과 1562년 5월 2차례의 유산을 경험하기도 했다. 이처럼 만수와 주지 부부는 약 15년에 걸쳐 6번의 출산과 2번의 유산을 겪었고, 모두 5남 1녀를 낳았지만 이 중 3명의 자녀를 잃었다.

한편, 혼인관계 중 통간은 남편과 아내 모두에게서 자행되었다. 1547년 1월 남편 만수와 이문건가의 또 다른 비 온금과의 통간이 발각되자, 이문건의 아내 안동김씨는 만수와 통간한 죄로 온금을 체벌하고, 다시 만수의 아내 주지의 지나침에 관해 질책했다. 일기의 결락으로 인해 정확한 내용을 확인할 수는 없지만, 아마도 아내 주지가 남편 만수와의 통간을 이유로 그 상대인 온금과 소란을 일으켰던 것으로 보인다.

1556년 5월에는 아내 주지가 비 향복의 남편과 통간한 사실이 밝혀지기도 했다. 향복의 어미 삼월은 주지가 자신의 사위와 통간한 사실을 알게 되자, 이 일을 행여 노주가 알게 될까 두렵다며 오히려 큰소리로 소란을 피웠다. 아마도 삼월은 사위의 통간 행위에 대해 노주가 직접 징계하기를 바라면서 일부러 소란을 피워 사건의 전말을 노주에게 알리고자 한 것으로 보인다. 하지만 이를 전해들은 이문건은 '잘 타일러 다시 이 같은 일이 일어나지 않도록 할 뿐'이라며 가볍게 대응했다.

통간을 저지른 사위의 행동에 대해, 당사자인 아내 향복이 아니라 장모 삼월이 나서서 사위를 비난하는 모습은 당시 이들 노비에게도 혼인과 성에 관한 일정한 규범이 있었음을 의미한다. 노비들은 비록 혼전 성관계와 통간, 기별, 재혼 등에 있어 상대적으로 자유로웠지만, 혼인관계가 유지되는 동안 배우자에 대한 성실함을 기대했고, 이는 부모 세대로부터 내려온 보편적 관념이었다. 즉 노비에게는 성적 규범이 존재하지 않는다는 양반의 인식과 달리, 노비 역시 혼인관계가 유지되는 동안의 통간은 비난의 대상이 되었다.

한편 혼인관계를 통한 경제공동체를 형성한 노비 부부는 재산 확보를 위해 함께 힘을 모았다. 이문건가의 노비들은 혼인 이후 독립된 주거 공간을 제공받았고, 자신들의 사적 재산을 보유할 수 있었다. 이에 노비들은 노주의 눈을 속이고 중간횡령中間橫領을 통해 재산을 모으기도 했다.

당시 노주는 노비들의 소소한 중간횡령을 어느 정도 눈감아

준 것으로 보인다. 1548년 2월 이문건은 노 만수를 시켜 금산군
수 심희원沈希源이 보내주는 쌀과 벼를 받아 오게 했는데, 쌀 2
말과 벼 4말이 각각 부족한 것을 발견했다. 그러나 별다른 체벌
없이 '웃고 말았다'는 이문건의 기록은 이를 그냥 눈감아 준 것
으로 보인다.

1561년 1월 신공 수취를 위해 전라도로 떠난 노 만수는 3개
월여가 지난 4월 중순에서야 돌아왔다. 돌아온 만수가 광주목
사 유경심柳景深이 보낸 꿀(淸蜜) 5되를 중간에서 떼어먹은 사실
을 발견한 이문건은 만수를 불러 매를 치려다가 그만둔 채, 더
이상 만수의 잘못을 추궁하지 않았다. 이처럼 노비들은 노주의
물건이나 신공, 노주가 받은 선물 등을 옮기는 과정에서 그 일
부를 횡령하는 방식으로 사사로이 이익을 확보했고, 매번 다양
한 핑계로 노주를 속였다.

1551년 3월 호남지방의 신공 수취를 마치고 돌아온 만수는
타고 갔던 말에 병이 나서, 늙은 암말과 이를 바꾸었다고 보고
했다. 이 같은 상황에서 노주가 사실의 진위 여부를 판단하는
일은 매우 힘들었고, 결국 노비의 말을 믿는 수밖에 도리가 없
었다. 1559년 3월 만수와 귀손이 목화 종자를 필요 이상으로 많
이 받아 가자, 이문건의 아내 안동김씨는 필시 노들이 이를 팔
아서 술 마시는 데 사용했을 것이라며 한탄하기도 했다.

1557년 12월 이문건이 노 만수를 불러 노주를 속이고 거짓을 꾸민 사실을 추궁하자, 만수는 모든 일을 아내 주지의 말을 따른 것이라고 변명했다. 이때 이문건이 지적한 거짓의 구체적 내용은 확인할 수 없지만, 아마도 이를 도모한 장본인은 만수의 아내 주지인 것으로 보인다. 결국 이문건은 노주에게 정직하지 못한 점과 아내의 말을 듣고 잘못을 저지른 사실을 들어 만수를 질책했다. 이처럼 노비들은 노주의 눈을 속이고 중간횡령의 방식으로 재산을 확보하고자 노력했고, 때로 부부가 함께 이를 도모하기도 했다.

혼인의 파기, 기별

노비 부부의 혼인관계는 안정적이지 않았고, 쉽게 파기되기도 했다. 이들은 혼인관계를 유지하며 자녀를 낳고 경제공동체로서의 상호 협조관계를 맺고 있었지만, 그 결합의 강도는 매우 느슨했다. 때로 이들은 통간을 통해 혼인관계의 불만족을 표현하기도 했는데, 그렇다고 통간이 곧바로 혼인관계의 파기로 이어지지는 않았다. 하지만 이들 역시 원하지 않는 배우자와 혼인관계를 유지하고 싶어 하지 않았다.

혼인관계 파기의 일차적 이유는 생계 안정이라는 경제적 측면이 가장 컸다. 1554년 1월 순창에 살던 노 거동이 노주 이문건을 찾아와 노주에게 자신을 의탁하겠다는 뜻을 보였고, 그 후 거동은 이문건가의 괴산 농장에서 생활했다. 거동은 평소 신공을 제대로 내지 못한 채 노주에게 매를 맞기도 했는데, 더 이상 신공을 부담할 수 없는 경제적 상황에 이르자 결국 노주를 찾아와 직접 사환을 청한 것이다.

한편 이문건은 남원에 사는 그의 아내와 딸 언대의 추쇄를 청하는 칭념稱念 편지를 써서 남원판관 정언개鄭彦旹에게 전하도록 했다. 아마도 거공의 아내는 남편과의 기별 이후 딸과 함께 남원에 거주한 것으로 보인다. 1556년 11월 거동은 노 만수와 함께 남원으로 가서 아내와 딸을 찾았지만 추쇄에 실패했고, 결국 1559년 2월 딸 언대를 추심해 성주로 데려왔다.

다음으로 건강상의 문제 역시 혼인관계 파기의 원인이 되었다. 1547년 1월 이문건가의 이웃에 세 들어 살던 부부는 남편이 염병染病으로 앓아눕자, 아픈 남편을 버리고 아내 혼자 떠나버리기도 했다. 당시 몸이 약한 배우자는 상대방의 가족들로부터 이혼을 강요받기도 했는데, 이문건의 조카 이순중 역시 병이 있다는 이유로 시댁으로부터 혼인의 파기를 종용받았다. 이처럼 양반의 경우에도 배우자의 건강은 혼인 파기의 원인이 되었고,

상대적으로 열악한 조건에 처해 있던 양인이나 노비들의 경우, 이는 더욱 크게 작용했다.

마지막으로 배우자에 대한 불만족을 들 수 있다. 이문건의 비 유덕은 다소 자유로운 성격을 지닌 존재로, 그녀는 걸핏하면 도망치거나 통간 사건을 일으켜 노주의 속을 썩였다. 이문건과 아내 안동김씨는 잦은 도망이나 통간, 거친 행실과 노주에 대한 공손치 못한 언사 등을 이유로 자주 유덕을 야단치고 매를 때렸지만, 이는 쉽사리 고쳐지지 않았다.

1552년 3월 유덕이 도망치자, 이문건은 유덕의 도망 이유를 남편 거공과의 불만족스러운 혼인생활 때문일 것으로 짐작했다. 약 1년여 뒤 신공 수취를 위해 전라도에 갔던 노 만수가 도망친 비 유덕을 찾아 데려왔고, 이후 유덕은 남편 거공과 기별하고 노 귀손과 혼인관계를 맺은 것으로 보인다. 그러나 얼마 후 유덕은 다시 후필과 통간한 사실이 발각되어 노주에게 매를 맞았다. 이처럼 노비들은 원하지 않는 혼인관계에서 벗어나기 위해 도망치기도 했고, 배우자가 마음에 들지 않을 경우 통간을 통해 자신의 불만을 적극 표현했다. 그러나 실제 통간 행위가 이들의 혼인관계를 무너뜨리지는 않았고, 어느 정도의 부부싸움과 구타, 이와 관련한 노주의 체벌 등이 이어졌을 뿐이다.

노비의 혼인관계와 관련하여, 이들 역시 혼인과 기별에 대한 자기결정력을 지녔다는 점이 주목된다. 가천에 사는 비 옥돈은 이문건의 사촌형 이공검李公檢의 비로 남편 선이와 기별했는데, 남편이 다시 아내 옥돈과 합치고자 관에 소장訴狀을 냈다. 그러자 옥돈이 이문건을 찾아와, 관에서 남편과의 재결합을 강제하지 못하게 해 달라고 부탁했다. 이에 이문건은 성주목사 이사필李士弼에게 편지를 보내, 비 옥돈의 뜻을 전하고 이를 허락받았다. 노비들 역시 자신이 원치 않는 혼인관계에 대해 적극적으로 대처하고 있었음을 잘 보여 주는 대목이다. 비 옥돈은 더이상 남편과의 혼인관계를 유지할 의지가 없음에도 불구하고, 남편이 아내와의 재결합을 강제할 요량으로 관에 소송을 내자, 옥돈은 소송에 일정한 영향력을 행사할 수 있었던 이문건을 찾아가서 자신을 완호完護해 줄 것을 부탁했고 결국 자신의 의지를 관철할 수 있었다.

때로 기별한 남편을 피해 도망 다니는 경우도 있었다. 1557년 8월 이문건은 사망한 아들 이온의 칠칠재七七齋를 준비했는데, 이때 야제野祭를 위해 무녀 추월 외에 화원에 사는 또 다른 무녀가 이문건가를 찾아왔다.

화원에서 온 무녀는 남편이 자기를 잡기 위해 기회를 엿보고 있다면서, 이를 피해 몰래 이웃 박대균의 집에 머물 수 있게해 달라고 부탁했다. 다음날 야제를 마친 화원 무녀는 깊은 밤

그림 8 김준근, 《기산풍속화첩》〈무녀신축巫女神祝〉, 국립중앙박물관 e뮤지엄에서 전재

무녀巫女가 굿하는 모습

에 박대균의 집으로 돌아갔고, 이문건은 따로 말과 사람을 보내 그녀가 안전하게 도착할 수 있도록 조처해 주었다. 이때 화원의 무녀는 남편과 기별했지만, 이를 원하지 않았던 남편이 그녀를 찾아다니자 이를 피하기 위해 남편 몰래 숨어 다닌 것으로 보인다. 앞서 비 옥돈의 경우처럼 화원 무녀 역시 자신의 의지로 혼인관계를 파기할 수 있었지만, 이를 원하지 않는 남편에게서 벗어나는 일은 실질적으로 쉽지 않았다.

투탁과 허접의 동상이몽

압량위천壓良爲賤이란 양인을 강압해 노비로 삼는 것으로, 이는 국역 부담의 대상인 양인층 감소를 가져온다는 점에서 국초부터 금지되었다. 그러나 투탁은 개인의 자발적 선택이기에, 적극적 처벌 대상이 아니었다. 이들 투탁인은 생계유지와 피역 등을 위해 양반·권세가로의 투탁을 하나의 삶의 전략으로 선택했다. 한편 투탁을 받아들인 허접인許接人은 차후 이들과 소유노비의 양천교혼을 통해 노비의 확대재생산을 꾀했다.

이문건은 양인의 투탁을 받아들이는 데에 적극적이었다. 1553년 3월 하빈에 사는 노 군석이 동생 군손의 양인 처남을 데려와 머물도록 청하자 이를 허락했다. 1558년 9월 보며에 사는 옹기장(瓮匠)이 한정(閑丁) 실이를 데려와, 팔거의 호장(戶長)이 실이를 입역시키려 한다면서 이를 면하게 해 달라고 청했다. 이에 이문건은 실이를 자신의 집에 머물게 하고, 감관 이팽조에게 편지를 보내 실이를 한정 수괄에서 빼주도록 했다. 이처럼 당시 양반·권세가로의 투탁은 생계유지뿐만 아니라 피역의 수단으로도 행해졌다.

한편 양녀의 경우, 배고픔과 추위, 질병 등을 이유로 스스로 투탁을 선택하기도 했고, 때로 부모가 생활고 때문에 자녀들을 타인에게 보내기도 했다. 1551년 1월 화원에 사는 산진이 수양딸(養女子) 산금을 데려와 이문건가에 두고 배불리 먹이도록 청하자, 이문건의 아내 안동김씨는 이를 허락했다. 얼마 후 산진의 아내가 찾아와 주가(紬價)를 바치는 일을 이문건에게 청탁하고자 했다. 그러나 노들이 번거롭다는 이유로 그녀의 청탁을 이문건에게 전달해 주지 않자, 결국 화를 내며 산금을 도로 데려갔다. 이처럼 부모들은 자녀를 양반·권세가에 투탁시킴으로써 생계안정을 도모했고, 그에 대한 반대급부로 일정한 대가를 기대하기도 했다.

이렇게 받아들여진 양녀들은 이후 이문건 소유노와의 혼인이 종용되었다. 1558년 12월 가천에 사는 양녀가 찾아와 투탁을 청하자, 이문건은 그녀를 받아들인 후 보은에 사는 노 가지에게 가천 양녀를 데려가도록 했다. 며칠 후 찾아온 가지에게 신공을 바치지 않았음을 질책하자, 가지는 이번 방문이 아내를 데려가기 위함이었다고 변명하고 가천 양녀를 데리고 돌아갔다.

그러나 이들 투탁 양인과 노비와의 혼인관계는 그리 안정적이지 않았다. 1561년 4월 편지 전달을 위해 현풍에 간 비부 종년이 돌아오지 않자, 이문건은 맹인 여은돌에게 그 행방을 점치게 했으나 좋지 않다는 괘를 얻었다. 이문건이 종년의 행방을 점친 이유는 비부의 경우, 언제든지 아내를 버리고 주가를 떠나 돌아오지 않을 가능성이 있었기 때문으로 보인다. 결국 비부 종년은 일정보다 10여일 지난 후에 돌아왔고, 돌아온 종년을 보고 그의 아내 온금이 매우 기뻐했다는 이문건의 기록은 이를 잘 보여 준다.

때로 노동력 확보를 위해 투탁 양인을 받아들인 경우도 있었다. 1551년 2월 조곡에 사는 양녀가 찾아와 머물기를 청하자 이를 허락하고 의복을 지급했는데, 다음날 양녀가 다시 떠날 뜻을 보이자 비들이 그녀에게 지급된 의복을 빼앗고 내보냈다. 그러나 얼마 후 조곡 양녀가 병든 몸으로 다시 찾아오자, 이문건은 그녀에게 약을 주어 병을 치료하게 한 후 머물도록 했다. 이후 1554년 11월 그녀는 옷가지 등을 훔쳐 도망쳤다가 1달여 후 되돌아왔는데, 이문건은 도둑질을 하고 집을 떠난 조곡 양녀를 내치지 않은 채 다시 받아들였다.

한편 조곡 양녀가 머무는 동안 이문건은 그녀의 형부 조은산을 도망간 정병正兵의 대립代立에서 빼주는 등 편의를 봐주기도 했다. 이듬해 3월 이문건가에 일하러 온 자리쟁이(席匠)가 제 할일을 하지 않고 조곡 양녀와 서로 희롱하며 시간을 보내자, 이문건은 이를 관아에 알리고 태업怠業한 죄로 장 60대를 치게 했다. 이에 앙심을 품은 조곡 양녀는 분을 삭이지 못하고 온종일 울며 일하지 않았다. 결국 얼마 후 그녀는 집을 나가 다른 집으로 옮겨 지냈고, 노비들은 그녀에게 지급된 치마를 다시 빼앗아 왔다. 이처럼 조곡 양녀는 생계를 위해 이문건가에 투탁해 노동력을 제공하고, 그 반대급부로 의식주와 구료를 받았고 심지어 친인척의 완호를 부탁하기도 했다. 그러나 투탁처가 마음에 들지 않을 경우, 이들은 언제든지 자유롭게 투탁처를 떠날 수 있었다.

비부·노처의 사환

　비부·노처는 양천교혼의 혼인관계를 통해 확보되는 존재로, 이들은 배우자의 노주로부터 신공 납부 이외에 각종 무상의 노동력 제공을 요구받았고, 그 자식은 종천從賤의 관행에 따라 노비가 되었다.

　재경관료기 이문건가의 비부들은 연천, 통진, 영평, 교하, 양주 등 비교적 관리가 용이한 근기近畿 지역에 살았다. 비부들은 대체로 농한기인 11월에서 이듬해 2월에 걸쳐 신공을 납부했는데, 공목貢木을 바치기 위해 주가를 찾은 비부들은 곧바로 되돌아갈 수 없었다. 때로 이들은 주가에 머물며 각종 잡역雜役에 사환되기도 했다.

　연천에 사는 비부 돌이는 비 문비의 남편으로, 1535년과 1536년 각각 공목을 바쳤다. 1536년 2월 이문건은 돌이를 불러 이천관아에 편지와 송진을 전하게 했고, 열흘 후 돌이는 이천관아에서 보낸 회신과 함께 물건들을 옮겨 왔다. 같은 해 11월 신공 납부를 위해 이문건가를 찾아온 돌이는 노원의 여막廬幕에 제물祭物 등을 실어 나르고, 집으로 돌아가는 길에 비부 군만의 집에 들러 소를 전했다.

　한편 노원에 사는 비부 군만은 공목 대신 정기적으로 땔감을 바쳤는데, 그 역시 신공 이외에 주가의 각종 사환에 동원되었다. 1535년 이문건은 양주 영동埜洞에 있던 부친 이윤탁李允濯의 묘를 노원으로 옮겨 모친과의 합장合葬을 준비 중이었고, 이때 노비뿐만 아니라 인근에 거주하는 비부들 역시 천장遷葬과 관련된 각종 잡역에 동원되었다. 1535년 11월 땔감을 바치기 위해 주가를 찾아온 군만은 노 수손과 함께 서울에서 석회를 실어 날라야 했고, 이 일로 군만은 거의 한 달여 동안 서울과 노원을 오가며 사환되었다. 석회를 모두 실어 나른 다음 날 군만은 다시 평강과 김화 등지에 편지를 전해야 했고, 이곳에서 받은 물건 등을 옮겨 오는 일 역시 군만의 몫이었다. 한편 면례緬禮가 끝난 후 군만은 노 윤산과 진전陳田 개간에 동원되었다.

1536년 2월 노원의 여막을 찾아온 통진의 비부들 역시 상황은 마찬가지였다. 이천의 숙부 박빈朴蘋이 보낸 부물賻物을 서울로 옮기는 일에 동원되었고, 이들 역시 열흘 이상 머물며 노비들과 함께 측막厠幕을 만드는 등 각종 잡역을 도와야 했다.

이처럼 비부들은 아내 몫의 신공 납부 외에 주가의 각종 잡역에 무상으로 동원되는 존재였지만, 그 반대급부로 배우자의 노주로부터 완호完護를 받을 수 있었다. 노주는 이들 비부를 위해 각지의 지방관에게 칭념을 행하기도 했다.

1536년 10월 비 소금의 남편 물금이가 찾아와 통진관에 완

지명	비부 이름	비 이름	시기	신공납부	사환	완호청탁
연천	돌이	미상	1535. 11. 21.-11. 24.	공	사토막沙土幕 조성	
			1536. 2. 3.-2. 14.		편지 전달 칭렴물 수송	
			1536. 11. 24.-2. 26.	공목	소 전달	
노원	군만	미상	1535. 11. 3.-12. 6 .	땔감	석회 실어오기	
			1535. 12. 7.-12. 24 .		편지 전달	
			1536. 1. 18.	땔감		
			1536. 3. 12.-3. 13.		진전 개간	
			1536. 7. 11.-7. 18.		서울 집에서 사환	
			1536. 8. 19.	땔감		
			1536. 윤12. 7.		평강으로 칭렴물 옮기기	
			1537. 1. 4.	땔감		
			1545. 윤1. 10.			완호
영평	윤막실	독덕	1535. 12. 13.	신공 납부 거부		
			1536. 1. 15.	잣으로 대납		
			1536. 2. 23.	비처와 기별하고 신공 납부 거부		
통진	미상	소금	1536. 2. 13.		부물賻物 옮기기	
			1536. 2. 22.		측간 조성	
			1536. 10. 17.	공미		
			1545. 3. 3.			완호
			1545. 4. 9.			완호
교하	미상	춘비	1537. 2. 14.	벼 1섬·짚 1동		
정산	미상	도단	1545. 2. 26.	공미		완호

표 3　재경관료기(1535. 11.-1545. 4.) 이문건의 비부 사환과 신공 수취

호를 청하는 편지를 부탁하자, 이문건은 통진관아에 편지를 써 주었다. 1545년 윤1월 군만의 아내가 이문건을 찾아와 양주목 사에게 보낼 편지를 청했고, 같은 해 2월 비 도단의 남편은 도 사에게 완문完文을 구하는 편지를 써 달라고 부탁했다.

이문건은 비부 완호에 매우 적극적인 모습을 보였다. 처향妻鄕인 괴산 경재소京在所 소속이던 이문건은 삼공형三公兄에게 편지를 보내 괴산에 거주하는 비부의 역을 감해 달라는 칭념을 행하기도 했다. 이처럼 재경 관료들이 각지에 흩어져 사는 자신의 노비나 비부의 완호를 위해 해당 지방관이나 관청에 칭념하는 것은 당시 일반적 현상이었다.

양천교혼을 통한 노동력 확보의 사례는 비부 방실을 통해 살펴볼 수 있다. 비 춘비의 남편 방실은 괴산 농장에서 농사를 지었는데, 1551년 아내 춘비가 출산 이후 병이 들자, 남편 방실을 불러 아내를 간호하게 했다. 그러나 얼마 뒤 춘비가 사망하자, 이문건은 같은 해 11월 비부 방실을 다시 비 눌질개와 혼인시켰다. 비부들은 비처와의 혼인관계가 유지되는 동안 배우자의 주가에 노동력을 제공해야 할 의무를 지녔으나, 아내의 사망이나 기처·기부 등으로 혼인관계가 깨진 이후에는 더 이상 주가에 노동력을 제공할 필요가 없었다. 때문에 이문건은 춘비를 대신해 다시 눌질개를 방실과 혼인시킨 후, 계속 방실을 비부로 사환한 것이다.

한편, 비부 사환의 구체적 모습은 비부 종금의 경우를 통해 확인할 수 있다. 비부 종금은 비 개금과 혼인관계를 맺은 후 이문건 집에서 비부로 사환되었다. 여기서 주목되는 점은 비부를 대하는 이문건의 태도가 자신의 소유노비를 대하는 경우와 상당한 차이를 보였다는 점이다. 이문건은 평소 노비의 태만과 불손을 매로 다스렸는데, 이는 "성내며 질책하는 것보다는 때에 따라 회초리 치는 것이 낫다"라는 그의 노비 체벌관에서도 확인된다.

이문건은 노비들의 잘못에 대해 비교적 엄격히 다스렸을 뿐만 아니라 타인 소유의 노비에게도 스스럼없이 체벌을 가했다. 그러나 비부 종금이 아직 어린 말을 탄다거나 어린애의 뺨을 때리는 등 잘못을 저지를 경우, 이문건은 종금이 대신 아내인 비 개금을 때려 이를 징계했다. 비부의 잘못에 대해 직접 체벌을 가하지 않고 대신 자신의 소유인 비처를 때림으로써 간접적으로 다스린 것이다.

때로 비부들을 직접 징계해야 할 경우, 이문건은 관아에 고발하는 등 공적 절차를 통해 이를 처리했다. 1561년 4월 비부 종년이 오랫동안 몰래 계란을 훔쳐 먹어왔다는 사실이 발각되자, 이문건은 종년을 관아에 고발해 태笞를 치려했다가 결국 그만두었다. 소유노비의 소소한 절도 행위가 발각될 경우 매를 때려 체벌한 것과 달리, 비부에게 직접 사형私刑을 가하는 것을 꺼린 것이다. 이같이 비부들은 비록 배우자의 주가에 의탁해 살아가는 존재였지만, 주가에서는 이들을 소유노비처럼 함부로 체벌할 수 없었고, 결국 비부들이 저지르는 소소한 잘못은 대부분 묵인되었다.

비부들은 이러한 주가의 약점을 이용해 사사로이 개인적 이익을 확보하기도 했다. 1561년 5월 비부 종년은 종금과 함께 동래에 갔다가, 중간에서 말이 죽어 다른 말을 빌려 타고 돌아왔다고 보고했다. 이때 정말 말이 죽었는지 아니면 종년과 종금이 함께 말을 팔아먹고 노주에게 거짓을 보고했는지 정확히 확인할 수 없다. 그러나 이에 관해 이문건은 별다른 기록을 남기지 않았다. 이는 아마도 비부를 사환시킬 때 이미 이 같은 일들을 어느 정도 예상하고 있었기 때문이라 생각된다.

당시 노비들이 노주의 눈을 속이고 사사로이 중간횡령 하는 일들은 매우 잦았고, 심지어 말을 팔아먹은 경우도 확인된다. 1551년 1월 이문건은 조카 이염과 이염의 장인 김헌윤金憲胤의 편지를 받았다. 편지에 의하면, 이염이 아들 이현배李玄培을 데려오기 위해 말과 노비를 장인 김헌윤의 집으로 보냈는데, 때마침 집안에 상喪을 당해 이현배의 출발이 지연됐다. 그러자 그

틈을 타 노가 말을 팔아먹고 그 값으로 단지 세목細木 3필을 노주에게 바쳤다.

이와 관련하여 김헌윤이 "말을 팔아먹은 노와 말을 산 사람 모두를 죽이고 싶을 지경"이라는 내용의 편지를 보내자, 이문건은 도리어 "이것이 어찌 죽일 죄가 되겠는가?"라고 심상하게 반응했다. 이처럼 소유노비조차 노주의 눈을 속이고 자신의 이익을 취하는 상황이었기에, 이문건은 비부들의 중간횡령을 어느 정도 눈감아 주었던 것으로 보인다.

양천교혼과 삶의 전략적 구사

양반·권세가로의 투탁을 감행한 양인들은 비록 일시적으로 타인에게 자신의 삶을 의탁했지만, 언제든지 투탁처를 떠날 수 있는 자유로운 존재였다. 이들은 어느 정도 생활 기반이 마련되면 이후 자신의 삶을 독자적으로 영위하고자 하는 의지를 보였다. 독자적 삶을 위한 이들 비부·노처의 다양한 전략은 첫째 주가에 대한 눈속임, 둘째 도망, 셋째 기처·기부 등으로 나누어 살펴볼 수 있다.

비부 윤막실과 비 독덕의 혼인관계는 첫째 유형인 배우자의 주가에 대한 눈속임과 셋째 유형인 기처의 경우를 잘 보여 준다. 1535년 12월 영평에 사는 비부 윤막실이 찾아와 도망친 아내 독덕 몫의 신공을 바칠 수 없다고 하자, 이문건은 막실의 불순을 꾸짖어 돌려보냈다. 이듬해 1월 이문건은 포천관아에 편지를 보내 비 독덕의 신공 독납督納을 부탁했고, 결국 막실로부터 신공 대신 잣을 바치겠다는 약속을 받았다. 그러나 얼마 후 막실은 도망쳤다는 아내 독덕을 데리고 이문건을 찾아와, 아내를 주가로 되돌려 보내는 대신 더 이상 공선貢膳을 바치지 않겠다고 했다. 이 말을 들은 이문건은 자신이 상중喪中임에도 불구하고 비부 막실에게 족장足杖을 때려 그 죄를 다스렸다.

비부 막실은 아내 독덕의 도망을 이유로 신공 납부를 거부했다. 그러나 이문건이 관아에 칭념해 아내 몫의 신공 납부를 독촉하자, 결국 아내를 주가로 돌려보내고 혼인관계를 파기하고자 했다. 이같이 비부들은 비처의 도망 등을 이유로 주가에 신공 납부를 거부하기도 했고, 비처의 신공 부담을 감당하기 힘들다는 이유로 혼인관계를 파기하기도 했다.

한편, 비부 막실이 도망친 아내 독덕을 직접 찾아 노주에게 데려왔다는 점으로 미루어, 실제 독덕이 멀리 도망친 것은 아닌 것으로 보인다. 막실은 주가의 신공 독납을 피하기 위해 아내가 도망쳤다고 거짓으로 주가에 보고하고, 만약 주가에서 도망을 이유로 신공을 면해 주면 이후 주가의 눈을 속이며 비처와의 혼인생활을 유지했을 것이다. 그러나 주가에서 여전히 도망친 아내 몫의 신공 납부를 강제하자, 결국 아내를 주가로 돌려보냄으로써 혼인관계를 파기한 것이다.

하지만 이들 부부의 혼인관계는 이후 아내 독덕이 괴산 농장에서 직접 사환된 이후에도 지속된 것으로 확인된다. 심지어 비부 막실은 자신이 살던 영평을 떠나, 아내 독덕과 함께 괴산으로 옮겨 왔다. 이는 비부 막실이 독덕과의 혼인관계를 계속할 의지가 있었음을 보여주는 것으로, 이는 아내 독덕의 품성과 관련된 것으로 보인다. 1561년 8월 비 독덕이 사망하자, 이문건은 '성격이 근실하고 가산家産을 낭비하지 않았던' 그녀의 죽음을 매우 안타까워했다.

또 다른 비부 석손과 옥개 부부의 경우에서는 두 번째 유형인 도망과 세 번째 유형인 기처의 형태를 확인할 수 있다. 비 옥개는 죽은 노 막금이의 딸로, 1554년 무렵 이문건은 석손을 비옥개와 혼인시킨 후 비부로 사환시켰다. 비부 석손은 괴산에서 이문건가의 토지를 병작했는데, 1559년 3월 그해 종자를 받지 않고 토지 병작을 그만두었다. 아마도 석손은 비처 옥개와 혼인관계를 맺고, 이후 주가의 토지를 안정적으로 병작하는 과정에서 일정한 재산을 확보할 수 있었던 것으로 보인다.

당시 옥개의 어미는 해미에 살고 있었는데, 이후 석손은 아내 옥개와 함께 해미로 도망쳤다. 1561년 9월 이문건은 노 연동을 해미로 보내 죽은 노 막금이의 딸 옥개를 추쇄하도록 했으나, 이때 연동은 도망친 옥개를 찾지 못했다. 1564년 8월 이문건은 노 필이를 괴산에 보내면서, 돌아오는 길에 해미에 들려 노 막금이의 아내와 딸 옥개를 잡아오게 했다.

이후 1565년 2월 비부 석손과 옥개 부부는 이문건의 괴산 농장에서 사환된 것이 확인되며, 이듬해 2월 석손은 아내 옥개를 버리고 혼자 도망했다. 즉 비부 석손은 비처와의 혼인 이후 일정한 경제적 여건이 갖추어지자 노주의 눈을 피해 아내와 함께 도망했지만, 노주에게 추쇄되자 결국 비처와의 기별을 선택했다.

물론 비부·노처의 혼인관계가 모두 불안정한 것만은 아니었고, 이는 앞서 살펴본 비부 방실과 눌질개 부부의 예에서 확인할 수 있다. 비부 방실은 아내 춘비의 사망 이후 또 다시 이문건의 비 눌질개와 혼인했다. 비 눌질개는 이문건의 손자 숙길의 유모로 선정될 정도로 매우 성정이 좋았다고 기록된 존재로, 그녀는 자신의 자식에게 먹일 젖이 부족하다는 이유로 숙길의 유모를 그만두기도 했다. 이후 방실은 괴산 농장에서 농사를 지었고, 아내 눌질개는 성주 이문건가에서 가내사환 되었다.

여기서 주목되는 점은 1556년 7월 남편 방실이 이문건에게 향후 '나가서 스스로 먹고살 것(自食)'을 통고한 것이다. 비부 방실은 비처의 주가 소유 농장에서 안정적으로 사환하면서 자기 경리를 확보한 것으로 보인다. 아마도 가내사환 되던 아내 눌질개에 관한 기록이 더 이상 확인되지 않는다. 아마도 비부 방실과 눌질개 부부는 주가를 떠나 독자적으로 생계를 유지한 것으로 보인다.

3

사례를 통해서 본
노비의 삶

비부 돌매의 가족과 농업경영

대구부 하빈에 사는 비부 돌매와 그 가족은 이문건의 성주 유배 이전부터 이문건 집안의 토지를 병작한 것으로 확인된다. 돌매는 비처와의 사이에서 군손, 군석, 온금, 막개 등 2남 2녀를 두었는데, 이들 4자녀는 이름과 성별을 확인할 수 있을 뿐 나이나 형제·자매간 서열은 정확하지 않다. 돌매의 비처는 이미 사망한 것으로 보이며, 이후 돌매는 금산 출신의 후처後妻를 두었다. 그녀가 돌매와의 사이에서 또 다른 자녀를 두었는지는 확인되지 않는데, 그녀는 1554년 1월 남편 돌매가 사망하자 고향인 금산으로 돌아갔다.

돌매의 4자녀는 1537년 1월 이문건 집안의 재산 분깃(分衿)에 의해 각각 분산분재 되었다. 당시 분재의 내용은 정확히 확인되지 않지만, 노 군손은 중형 이충건李忠楗의 장자 이염李爓에게, 노 군석은 이문건의 손윗누이 청파자씨에게, 비 온금은 이문건에게, 비 막개는 수원에 사는 처남 박옹朴㙫의 장자 박인준朴仁俊의 아내에게 분재되었다. 하지만 돌매 가족은 노주의 재산분재 이후에도 함께 살았고, 이는 당시 돌매의 자녀들이 신공을 부담할 나이가 되지 않았기 때문으로 보인다.

한편, 돌매는 비처와의 혼인 이후 노주 이문건의 토지를 지속적으로 병작할 수 있었고, 이후 자신의 병작지 뿐만 아니라 아들들의 몫으로 병작지를 점차 확대해 나갔다.

재경관료기 돌매의 하빈답 수확이 어떻게 이문건에게 전달되었는지 확인되지 않는다. 그러나 1545년 9월 이문건의 성주 유배 이후, 돌매는 매년 가을 수확물을 직접 성주로 옮겨 왔다. 같은 해 10월 이문건은 노 금금이를 보내 하빈의 수확을 살피도록 했고, 돌매는 아들 군석과 함께 이문건가로 찾아와 직접 그해 소출에 관해 보고했다.

당시 노 금금이가 확인한 하빈답의 총 소출은 47말로, 다음달 이문건은 노 수손을 보내 하빈답의 소출을 찧어 보내도록 했다. 그러나 며칠 후 돌매와 함께 돌아온 노 수손은 도정한 벼가

13말밖에 되지 않는다고 보고했다. 이때 그 부족분에 관해 노주 이문건의 추궁이 있었는지, 돌매는 1달 후 상목常木 1필을 가져와 부족분을 대납했다. 당시 하빈답의 수확은 지금까지 돌매가 행해온 수확물 납부의 관행을 반영한 것으로, 돌매가 바친 찧은 쌀 13말은 이전까지 그가 주가에 바친 수확량에 준한 액수로 보인다. 먼 곳에 있는 부재지주의 경우, 매년 마름(舍人)이나 감농인을 보내 농황과 수확을 살피도록 했지만, 실제 토지경작자는 다양한 방법으로 수확물의 일부를 따로 확보할 수 있었다. 이 밖에 마름이나 감농인과 작간하고 수확의 총량을 속일 수 있었고, 수확물을 도정하거나 되질하는 과정에서도 눈속임이 가능했다.

물론 이들의 속임수를 지주가 전혀 몰랐다고는 볼 수 없다. 그러나 수확량이 예상 수량에 미치지 못할 경우, 이를 병작인이 의도적으로 적게 보낸 것인지 또는 옮기는 과정에서 노비들이 떼어먹은 것인지를 밝혀내기는 매우 어려운 일이었다. 따라서 먼 곳에 사는 지주의 경우, 어느 정도의 흠축欠縮을 묵인할 수밖에 없었다. 그러나 이문건이 성주로 옮겨 지내게 되자, 이 같은 작간들은 더 이상 용납될 수 없는 일이었다. 이에 이문건은 비부 돌매를 추궁해 부족분을 더 받아 낸 것이다.

한편, 돌매 가족은 이후 군석과 군손까지 이문건의 토지를

일자	수취량	경작인	운반인	감농인	비고
1545. 10. 3.	47말	돌매	돌매·군석	금금이	
1545. 11. 16.	찧은 쌀 13말	돌매	군석·군손·막개	수손	찧은 쌀 부족분 상목 1필로 대납
1546. 9. 9.	32말	군손	군석	광윤	
1546. 10. 14.	45말		군석	금금이	
1546. 10. 24.			군석	수손	황초 12묶음
1546. 12. 6.		돌매			요역 부담 요구
1551. 3. 23.		군석			조 20말 수취 예정 통보
1551. 9. 16.	77말		군석·군손	귀손	
1552. 3. 17.		돌매			붕어를 바치고 곡종을 구함
1553. 9. 6.	20여 말	군석		억금	
1553. 9. 25.			군석·군손		무 1섬
1554. 8. 23.				만수	군석 진황/군손 제초 안함
1555. 10. 15.	20말	군손	군손	귀손	신공 불납으로 요역을 부담
1556. 9. 25.	80말			만수	하빈답
1557. 10. 10.	55말			둔이	하빈답
1558. 9. 9.	83말			연수	하빈답
1565. 3. 25.		군손			민물생선 6마리

표 4 하빈 돌매가의 토지 경영

병작하면서 농업경영의 규모를 확대한 것으로 보인다. 1546년
9월 돌매의 아들 군손이 찾아와 하빈답을 먼저 타작할 수 있다
고 보고하자, 이문건은 노 광윤을 보내 이를 살피도록 했다. 광
윤은 논 3두락지의 소출이 35말이라고 보고했고, 며칠 후 군석
은 곡종 3말을 제한 벼 32말을 가져왔다. 한편 같은 해 10월 이

문건은 다시 노 금금이를 하빈으로 보내 추수를 감독하게 했고, 군석과 함께 돌아온 금금이는 벼 3섬을 바친 뒤 볏짚은 추후에 옮겨 올 것임을 보고했다. 이때 광윤이 감농한 답 3두락지는 군손의 병작지이고, 금금이가 담당한 토지는 아비 돌매가 병작한 답 4두락지로 확인된다.

한편 이해 8월 군손이 금산으로 도망쳤다가 추쇄된 점으로 미루어, 하빈답은 돌매 가족이 함께 경작한 것으로 보인다. 그러나 이후 자식들이 신공을 부담해야 하는 나이가 되자, 아비 돌매는 가족 형태를 변화시켰다.

비부 돌매가 자녀 몫의 신공을 부담하게 된 것은 1545년 9월 이문건의 성주 유배 이후로 추정된다. 우선 돌매는 딸 온금을 이문건가로 보내 직접 가내사환 하도록 했다. 1546년 10월 노 수손과 비 온금이 괴산에서 돌아와, 이문건의 아내 안동김씨와 아들 이온 내외가 괴산을 출발했다고 전했다. 이문건의 아들 이온은 이해 8월 청주에 거주하는 김중수의 딸 김해김씨와 재혼했고, 이후 모친과 함께 외가인 괴산으로 옮겨 왔다. 이문건은 이 행차를 맞이하기 위해 수손과 온금을 미리 괴산으로 보내어 짐을 실어 나르도록 한 것이다. 따라서 온금은 1546년 10월 이전부터 성주 이문건가에서 사환된 것으로 보인다.

또한 온금의 동생 막개 역시 1545년 11월부터 이문건가에서 사환되었다. 이문건이 성주로 유배된 지 2달여 후 비부 돌매가 찾아와 자신의 어린 딸 막개를 성주에서 사환하게 해 달라고 청했다. 그러나 막개는 이문건이 '부실하다'고 평할 정도로 몸이 약했고, 이에 이문건은 그녀가 머무는 것을 허락하지 않았다. 결국 다음날 돌매는 막개를 데리고 하빈으로 되돌아갈 수밖에 없었으나, 약 1달여 뒤 돌매는 다시 성주로 찾아와 수원댁에서 딸을 데려갈까 걱정스럽다는 이유로 막개가 성주에 머물 수 있기를 청했다.

돌매가 딸 막개를 이문건가에서 사환하게 한 표면적 이유는 딸 막개를 먼 곳에 있는 주가에서 데려갈 것이 염려된다는 것이었지만, 실제 이는 아비 돌매가 감당해야 할 경제적 부담을 줄이고자 한 것으로 보인다. 비처 소생의 4자녀를 둔 돌매의 경우, 그가 감당해야 할 자녀 몫의 신공 부담은 매우 컸다. 이에 돌매는 자녀들이 신공을 납부해야 할 시기가 되자, 딸들을 주가로 보내 직접 사환시키고자 한 것이다.

우선, 돌매는 딸 온금을 이문건가로 보내 직접 사환시켰고, 아직 신공을 부담할 나이가 되지 않았던 어린 딸 막개까지 함께 보내 자신의 생계유지에 어느 정도 도움을 받고자 했다. 결국 이문건은 돌매의 청을 받아들여 막개를 성주에 머물도록 했고, 이듬해인 1546년 4월 막개의 주인인 수원댁에서 그녀를 보내달라고 요구하자, 결국 막개는 수원으로 보내졌다. 이처럼 돌매 가족은 어린 자녀들이 자라 신공을 부담해야 할 나이가 되자, 우선 딸들을 노주에게 보내 직접 사환하게 함으로써 신공 납부의 부담에서 벗어나고자 했고, 아직 신공을 부담하지 않아도 되는 어린 나이의 딸까지 타인에게 보내 사환하게 함으로써 생계의 안정을 도모했다.

1548년 4월 이문건가를 찾아온 군석은 화원에 사는 산진의 이름으로 별환자(別還上)를 받을 수 있도록 힘써 달라고 청했다. 다시 1551년 1월 군석은 산진의 수양딸 산금을 이문건가에 데려와 머물도록 했다. 이 같은 군석과 산진의 관계로 미루어 볼 때, 아마도 화원에 거주하는 산진 가족은 군석과 혼인관계에 있었던 것으로 추정된다. 한편 1553년 3월 군석이 군손의 양인 처남을 데려와 이문건가에 머물게 해 달라고 청한 것으로 보아, 군손 역시 양녀와 혼인한 것으로 확인된다. 이처럼 돌매 가족은 딸 온금과 막개를 노주에게 보내 사환시킴으로써 딸 몫의 신공 납부 부담에서 벗어나고, 이후 아들들의 혼인을 통해 새로운 가족 구성원을 키워 나갈 수 있었다.

하지만 돌매 가족은 1554년 1월 아비 돌매의 사망으로 인해, 급격히 해체의 길로 접어든다. 1554년 1월 아비 돌매의 사망에 이어, 같은 해 5월 군석이 부종으로 앓아누웠다. 이문건은 아픈 군석에게 약을 보내주어서 병을 치료하도록 했으나, 결국 군석은 6월에 사망했다. 그해 8월 하빈의 농황을 살피고 돌아온 노만수는 군석의 답은 진황되고, 군손의 토지 역시 제초가 이루어지지 않았다고 보고했다. 이후 이문건은 돌매 가족이 병작하던 하빈의 토지를 권응정에게 매매했다.

유모 사환과 비 돌금의 선택

이문건 집안에는 유모乳母로 지칭되는 비 돌금을 비롯하여 주지, 춘비, 눌질개 등 여러 명의 비들이 주가의 손자녀에게 젖을 먹였다. 그러나 이들이 모두 양반가의 유모로 대우받은 것은 아니었다. 즉 단순히 수유를 한 젖어미들은 유모로 인정되지 않았는데, 이는 유모가 지닌 특별한 지위에서 기인했다.

당시 양반가문의 유모에 대해서는 '비록 주가의 명령으로 젖을 주는 존재일 뿐이지만 그 은혜를 입고 자란 경우 예의를 지켜야' 하는 것으로 인식되었고, 유모의 사망에 '시마緦麻의 복服'을 논할 정도로 특별한 존재로 인정받았다. 유모에 대한 이러한 대우는 유모 본인뿐만 아니라 유모의 남편, 함께 젖을 나눠 먹은 유모의 자녀 등 유모의 가족 전체에 적용되었다. 이 같은 양반가 유모로서의 위상과 대우는 이문건가의 유모 돌금과 그 가족의 삶을 통해 확인할 수 있다.

돌금은 보은에 사는 비 삼월의 딸로, 그녀는 남편 야찰과의 사이에서 억복과 유복 등 2명의 아들을 두었다. 이들 야찰과 돌금 부부가 언제부터 혼인관계를 맺었는지 정확히 확인되지 않지만, 아내 돌금의 존재는 이문건의 성주유배 이후부터 확인된다.

한양 저동의 이문건 집에서 가내사환 하던 노 야찰은 1545년 9월 노주 이문건을 따라 배소配所인 성주로 옮겨 왔고, 이듬해 2월 이문건의 아내 안동김씨 역시 친정이 있는 괴산으로 거처를 옮겼다. 이후 야찰은 성주와 괴산을 오가는 길에, 아내 돌금이 사는 보은에 자주 들렀다.

1546년 3월 이문건은 성주관아의 심부름꾼을 시켜 괴산으로 편지를 보냈는데, 19일 괴산에 도착한 그는 그날 곧바로 답장을 받아 두고, 다음날 일찍 괴산을 출발해 22일 정오 무렵 성주로 돌아왔다. 그러나 이보다 앞서 아내의 편지를 가지고 괴산을 출발했다는 야찰은 아직 성주에 도착하지 않았고, 이날 밤늦게 돌아온 야찰은 비 때문에 보은에 머물다 늦어졌다고 변명했다. 이처럼 야찰은 성주와 괴산을 오가며 아내 돌금이 있는 보은에서 오래 머물렀고, 예정보다 일정이 늦어졌다는 이유로 자주 노주 이문건에게 매를 맞았다. 같은 해 5월 괴산에서 온 아내의 편지를 받은 이문건은 왕래가 빠르지 않다는 이유로 야찰의 뺨을 때렸고, 이어 10월에도 같은 이유로 야찰에게 회초리를 쳤다. 이 해 12월에는 태만이 심함을 크게 탓하며 야찰의 볼기를 때리기도 했다.

하지만 노주의 잦은 체벌은 노비 도망의 원인이 되었기에, 이문건은 야찰의 아내 돌금에게 직접 가내사환을 시킴으로써 태만의 원인을 제거하고자 한 것으로 보인다. 1547년 1월 돌금이 남편 야찰과 함께 성주 이문건가를 찾아오자, 이문건은 돌금에게 '멋대로 물러난 죄(任然退坐罪)'를 추궁하려다가 참고 그만두었다. 구체적으로 알 수는 없지만, 이는 가내사환을 원하는 노주의 뜻을 거부한 일을 의미한다고 보인다. 이듬해에도 돌금은 정초에 잠시 노주를 찾아와서 일시적으로 사환했을 뿐 계속 보은에 거주했다.

가내사환을 요구하는 노주 이문건과 이를 원하지 않는 비돌금과의 갈등은 다음의 사건을 통해 보다 구체적으로 확인할 수 있다. 1548년 1월 야찰은 아내의 말을 이유로 의복과 물건을 싸 들고 도망쳤다가 다음날 되돌아왔고, 화가 난 노주 이문건은 도망친 벌로 야찰에게 밥을 굶기도록 했다. 당시 야찰은 가내사환을 요구하는 노주와 이를 원하지 않는 아내 사이에서 갈등하다가, 도망을 결심했던 것으로 보인다. 하지만 결국 도망을 포기한 채 스스로 돌아가, 도망친 죄에 대한 벌을 받았다. 그가 '아내의 말을 꺼려해서 도망쳤다'는 이문건의 기록은, 이때의 도망이 야찰의 의지가 아닌, 돌금의 뜻이었음을 잘 보여 준다.

그렇다면 당시 야찰은 왜 도망을 포기했을까? 이에 대한 단서는 다음 기사를 통해 확인할 수 있다. 1548년 6월 야찰은 자식을 보고 쌀을 전하겠다며 보은으로 갔다가 약 열흘 간 머물렀는데, 이는 아내 돌금의 출산으로 인해 남편 야찰이 수유受由를 받은 것으로 보인다. 일기의 결락缺落으로 정확한 시기는 확인되지 않지만, 이후 돌금은 이문건의 손녀 숙희의 유모로써 성주 이문건가에서 사환되었다.

한편 1551년 1월 손자 숙길이 태어나자, 숙희의 유모였던 돌금은 숙길을 돌보는 일을 담당하게 되었다. 이에 관해 이문건은 "돌금의 성품이 좋고, 이미 숙희를 부지런하고 근실하게 돌보았기 때문"에 숙길을 맡아 기르게 한다고 기록했다. 유모 돌금이 숙길을 돌보게 되자, 숙희는 유모의 품을 떠나 모친 김해김씨와 함께 지내게 되었는데, 이문건은 어린 동생이 생겨 유모와 떨어져 지내야 하는 상황에서도 울거나 보채지 않고 얌전히 지내는 숙희를 매우 영리하다며 대견하게 여겼다. 이처럼 당시 대부분의 양반 가문에서는 유모의 손에 아이들의 육아를 맡기고 있었고, 아이들 역시 유모를 매우 친근하게 따랐다.

물론 이문건이 처음부터 숙희의 유모 돌금을 숙길의 유모로 삼고자 한 것은 아니었다. 앞서 살펴본 바와 같이 이문건이 처음 숙길의 유모로 삼았던 눌질개는 얼마 후 자기 자식에게 먹일 젖이 부족하다는 이유로 유모의 역할을 그만두었고, 결국 눌질개 대신 춘비가 유모의 역할을 맡게 되었다. 그러나 이문건의 예상대로 춘비는 아이를 돌보는 일에 성심을 다하지 않았고, 결국 이문건은 춘비 대신 아이돌보기에 부지런하고 근실한 돌금에게 숙길을 돌보게 했다.

　　그러나 돌금은 숙희의 유모였기에, 이문건은 다시 숙길에게 적당한 유모를 정해 주고자 했다. 1551년 9월 비 주지가 출산하자, 이문건은 주지를 숙길의 유모로 삼고자 했다. 그러나 주지는 출산 이후 몸이 쉽사리 회복되지 않은 채 한동안 앓아누웠다. 이후 건강을 회복하고 숙길을 돌볼 수 있게 되자, 이번에는 숙길이 주지의 젖을 먹으려 하지 않았다. 이미 생후 10개월에 접어든 숙길이 심하게 낯을 가리면서 주지를 따르지 않았기에 결국 돌금이 그대로 숙길의 유모를 담당할 수밖에 없었다.

　　유모는 수유뿐만 아니라, 아이가 젖을 뗀 이후에도 항상 아이를 돌보고 보호하는 역할을 담당했다. 이문건은 유모 돌금이 손자녀를 돌보는 일에 잠시라도 소홀한 모습을 보이면 곧바로 매를 때렸다. 1551년 8월 고양이가 숙길의 얼굴에 상처를 내자 이문건은 숙길을 잘 돌보지 못한 죄를 들어 돌금에게 매를 때렸고, 1552년 2월 돌금이 아이를 혼자 방에 두고 밖에 나가서 구경을 하고 돌아오자, 향복을 시켜 돌금의 뺨을 때리게 했다. 이처럼 유모가 아이를 잠시라도 혼자 두거나 보살핌에 소홀하면 곧바로 상전의 체벌이 내려졌다.

유모의 역할 중에서 가장 중요한 일은 아이들의 잦은 병치레를 수발하는 일이었다. 1551년 6월 손녀 숙희가 아프자, 이문건은 숙길을 며느리 김해김씨에게 맡기고 유모 돌금에게 숙희를 돌보도록 했다. 어린 동생에게 유모를 빼앗긴 숙희였지만, 몸이 아플 때에는 편안하고 익숙한 자신의 유모와 함께 지낼 수 있도록 배려된 것이다.

이는 숙길의 경우에도 확인된다. 이문건은 1556년 봄을 전후로 손자 숙길에게 젖을 떼게 하고 잠자리 역시 자신의 곁으로 옮겨 지내게 했다. 이제 7살이 된 손자에게 젖을 떼게 함으로써 유모와 함께 지내는 시간을 줄일 뿐만 아니라, 아동과 여성의 공간인 하가에서 남성의 공간인 상가로 옮겨 지내게 한 것이다. 그러나 어린 숙길을 잠결에도 몇 차례씩 조부 이문건의 가슴으로 파고들어 젖을 찾는 등 익숙한 유모의 품을 그리워했다. 그해 6월 숙길이 심한 열병을 앓자, 이문건은 유모 돌금을 불러 숙길을 돌보도록 했다. 이에 돌금은 열이 가라앉지 않아 괴로워하는 숙길을 밤새 업으면서 간호했다.

　유모는 자신이 돌보는 어린 상전의 병을 낫게 해 달라는 기도를 드리기도 했다. 1553년 윤3월 숙길이 학질瘧疾을 앓자, 이문건은 성주판관 최여주崔汝舟에게 부탁하여 학귀瘧鬼를 잘 잡는다는 영산의 맹인 문세공을 불러 숙길을 위한 양술禳術을 행하게 했다. 한편 점쟁이(卜生) 김세소에게 편지를 보내, 숙길의 학질에 대해 점을 치도록 했다. 그러나 곧 나을 것이라는 점괘와 달리 숙길의 학질에 차도가 없자, 이문건이 숙길의 입에 떡을 물리고 돌 위에 '도도원원圖圖兔兔' 등의 글자를 써 가슴에 품게한 후 유모 돌금에게 숙길을 업고 냇가로 나가 물속에 돌을 던져 넣는 방술치학법方術治瘧法을 행하도록 했다. 1556년 6월 숙길과 숙녀가 동시에 마마를 앓자, 두신痘神을 곱게 보내기 위해 새벽부터 떡을 쪄 마마상을 차리고 유모 돌금을 시켜 치성을 드리게 했다.

　이처럼 어린 상전을 돌보는 일은 고단한 일이었지만, 이들이 어느 정도 자란 뒤 유모의 수고로움은 다소 줄어든 것으로 보인다. 이후 어린 상전을 돌보고 함께 놀아 주는 일은 어린 노비들의 몫으로 돌아갔다. 하지만 유모와 달리 노비들은 어린 상전을 돌보는 일에 금세 싫증을 냈고, 때로 노주의 눈을 피해 어린 상전을 괴롭히다가 매를 맞기도 했다.

《무신도巫神圖》, 국립민속박물관에서 전재

무신도는 무속에서 섬기는 신들을 그린 종교화이다. 이중 두창 痘瘡을
관장하는 신이 '마마손님'으로, 마마배송굿은 마마신을 공손하게 돌려
보내기 위한 굿이다. 이문건 역시 천연두에 걸린 손자 숙길을 위해 마
마배송굿을 올렸다

한편, 어린 상전들은 자신을 돌본 유모와 친밀한 감정을 나누기도 했다. 1556년 1월 유모 돌금이 감기로 앓아눕자, 숙길과 숙희는 유모의 곁을 떠나 조부 이문건과 함께 상당에서 지냈다. 그러나 며칠 후 돌금의 병세가 조금 나아지자, 숙길은 곧바로 유모 돌금과 함께 자며 젖을 먹었다. 이처럼 유모와 아이들은 유모가 몸이 아파 아이들을 돌보지 못하는 경우를 제외하고는 항상 함께 지냈고, 이들 사이의 심리적 의존과 유대는 상당히 강했다.

숙길은 체벌 받는 유모 돌금을 위해 조부 이문건에게 대신 용서를 빌기도 했다. 1558년 3월 이문건이 매번 상전을 욕한 죄를 들어 유모 돌금과 비 온금에게 회초리를 때렸는데, 이를 본 숙길이 울음을 멈추지 않아 결국 매질을 그만두었다. 1562년 4월 유모 돌금이 화가 나서 손을 휘두르다가, 숙길의 오른쪽 눈꼬리를 쳐 숙길이 눈을 다칠 뻔한 일이 있었다. 이 사건을 전해 들은 이문건은 유모 돌금을 나무에 묶어 두고 10여 대의 매를 때렸는데, 결국 숙길이 나서서 매질을 그만둘 것을 청해 이를 그치기도 했다. 어린 상전들은 때로 울며 떼를 쓰고 말썽부리기도 했지만, 자신의 유모가 체벌 받으면 이를 적극적으로 말리는 등 심정적 친밀성을 유지했다.

유모뿐만 아니라, 유모의 배우자와 그 자녀 역시 특별한 대우를 받았다. 우선, 유모의 가족은 노주의 재산분배 과정에서 가족 단위로 분재되는 배려를 받기도 했다. 이는 유모의 자녀가 그리 많지 않았을 뿐만 아니라, 같은 젖을 먹고 자란 유모 소생所生의 노비가 타인에게 사환되는 것은 인정상 보기 힘들다는 인식에서 기인한 것이었다.

이 밖에 유모의 자식에게는 다양한 혜택이 주어졌다. 어린 시절부터 노주와 함께 자란 유모의 자식들은 개인적 능력에 따라 글을 읽고 쓰는 법을 배우기도 했다. 이후 이들은 집안에서 수노首奴의 역할을 행하기도 했고, 때로 면천免賤의 특혜를 받기도 했다. 당시 자식을 대신해 시묘侍墓를 행하는 노비들은 그 노고를 포상하는 의미에서 면천의 기회가 주어지기도 했는데, 유모의 자식들은 우선적으로 이 같은 혜택을 누릴 수 있었다.

유모 가족에 대한 특별한 대우는 유모 남편인 유부乳父의 경우에서도 확인되는데, 이는 1561년 11월 이문건의 손녀사위 정섭鄭涉과 이숙희의 혼례를 통해 확인할 수 있다. 당시 양반 가문의 혼례에는 유모뿐만 아니라 남편인 유부도 참여했는데, 이들은 혼례의 성립을 증명하는 일종의 증인 역할을 했다.

신부의 집에서 초례醮禮를 치른 신랑과 신부는 다음 날 아침 신랑 측 유모나 유부를 통해 신랑의 본가本家에 예물을 보냈는데, 이는 곧 지난밤 이들의 혼례가 실질적으로 무사히 이루어졌

新郎行娶

김준근, 《기산풍속화첩》〈신랑행렬新郎行列〉, 국립중앙박물관 e뮤지엄에서 전재음을 확인하는 절차로 인정되었다. 신혼부부가 별다른 문제없이 무사히 첫날밤을 치를 수 있었는지 같은 내밀한 이야기를 낯선 타인에게 하는 것은 매우 어려운 일이었기에, 어린 시절부터 함께 한 유모나 유부가 이를 담당한 것이다. 정섭의 신행新行에는 신랑의 형 정제와 삼촌 이필 등이 동행했고, 유모의 남편인 유부도 따라왔다. 혼례가 치러진 다음 날, 이문건은 특별히 정섭의 유부에게 백목白木 1필을 선물하기도 했다.

한편 유모에게는 양반가문 유모로서의 특별한 행동 양식과 그에 걸맞은 도덕적 기준이 요구되기도 했다. 유모는 온종일 어린 상전을 돌보아야 했기에, 이들은 양반가문의 일상적 예의범절을 몸에 익혀야 했고, 때에 따라 어린 상전에게 올바른 행동 양식을 가르쳐야 했다. 1553년 1월 이문건이 하가로 내려가 아내와 손자녀들을 만나 본 후 저녁 식사를 하려는데, 이제 막 4살이 된 숙길이 조부 이문건의 상에 있는 수저를 들고 음식을 집어 먹으려 했다. 이에 이문건이 유모 돌금을 시켜 숙길의 수저를 빼앗고 데리고 나가도록 했다. 이같이 유모는 상전의 가족들과 대부분의 생활을 함께 했고, 그 과정에서 자연스럽게 양반의 예절과 생활양식을 몸에 익히고 이를 어린 상전에게도 가르쳤다.

뿐만 아니라 이들은 양반가의 유모로서 특별한 도덕적 기준을 요구 받았는데, 이는 유모 돌금과 비부 종년의 통간 사건을 통해 확인할 수 있다. 비부 종년은 비 온금의 남편으로, 그는 전처와의 사이에서 낳은 아들 말질손을 데리고 들어와 온금과 혼인관계를 맺었다. 1561년 11월 아내 온금이 사망한 이후 종년은 거처를 옮기지 않고 그대로 이문건가에서 사환했다.

이문건은 평소 노비들의 통간 사건에 관해 비교적 너그러운 태도를 취했던 반면, 유모 돌금의 경우 이를 크게 문제 삼았다. 1562년 6월 돌금이 비부 종년과 통간한 사실이 발각되자, 이문건은 비부 종년과 그 아들 말질손을 집에서 내쫓았다. 이처럼 이문건이 통간을 문제 삼은 이유는 상대인 돌금이 이문건가의 유모였기 때문이었다. 유모로서 돌금의 행실은 다른 노비들과 달리 특별한 도덕적 기준이 적용된 것이다. 한편 종년과 헤어질 수 없다고 고집을 부리는 돌금에게 이문건의 아내 김씨가 '유모의 본보기에 어긋나는 행동임을 사리를 들어 설명'하고 간신히 그녀를 설득할 수 있었다.

이와 관련하여 주목되는 점은 유모 돌금과 종년의 관계는 통간의 범주에 해당하지 않는다는 점이다. 돌금과 종년 모두 배우자가 사망한 상태로, 이들의 결합은 재혼에 해당한다. 즉, 이문건가에서는 유모의 재가再嫁 자체를 금한 것이다.

그러나 정작 유모가 이러한 양반의 도덕적 규범을 스스로 받아들이고 따르고자 노력한 것 같지는 않다. 1562년 7월 비 주지가 남편 만수에게 얻어맞고 크게 울며 소란을 떨자, 이문건은 만수를 불러 그 자초지종을 물었다. 그러자 만수는 앞서 돌금과의 통간으로 집에서 쫓겨난 종년이 그동안 이문건가의 또 다른 비부 종금의 방에서 몰래 돌금과 만나 왔다는 말을 듣고, 이 일의 옳고 그름을 가지고 다투다가 그만 아내 주지를 때렸다고 변명했다. 만수를 통해 대강의 상황을 파악한 이문건은 유모 돌금과 종년에게 방을 빌려준 비부 종금의 아내 개금에게 매를 때리고, 다시 만수에게는 아내를 때린 죄를 들어 매를 쳤다. 이어 이문건은 돌금에게도 매를 때리려 했으나, 아내 안동김씨가 이를 자신이 직접 처리하겠다고 나서서 결국 돌금의 체벌은 아내의 몫으로 돌렸다.

이처럼 유모의 삶을 선택한다는 것은 자기 자식을 잃을 수 있는 위험한 일일 뿐만 아니라, 자유로운 삶의 일부를 저당 잡히는 일이었다. 그러나 이는 자신의 자녀에게 노비의 신분에서 벗어날 수 있는 가능성을 줄 수 있는, 위험하고도 매력적인 선택이었다. 유모 돌금은 자신의 삶에서 마주친 수많은 선택의 기로에서, 때로 순종하고 때로 반항하며 능동적으로 대처해 나갔다.

4
___

질병과 죽음

질병과 구료

　의료체계가 갖추어지지 않았던 조선시대에는 양반도 필요
한 약과 약재를 제때 구하는 일이 쉽지 않았다. 이 같은 상황에
서 상대적으로 경제력이 미약한 노비의 경우, 제대로 된 치료를
받기 어려웠다. 그러나 노주들은 소유노비의 건강에 많은 관심
을 기울였고, 적극적으로 이들을 구료救療하고자 노력했다.

　평소 의약에 많은 관심과 지식을 지니고 있던 이문건은 직
접 약을 처방해 복용하기도 했고, 각종 약재 등을 다양하게 구
비해 위급한 일을 대비했다. 1553년 7월 운곡에 사는 홍계현이
종기로 고생하자, 이문건은 사군자탕四君子湯에 황기를 더한 약

을 처방해서 인삼 등을 함께 보내 달여 먹도록 보내 주었다. 그러나 1554년 3월 박덕순이 황달을 앓고 있다며 약을 묻는 편지를 보내오자, 이문건은 다만 의생醫生에게 오령산五苓散을 구해서 복용하는 게 좋겠다고 권했다.

한편, 1552년 4월 노 야찰이 심한 복통을 앓자 이문건은 오령산과 소합환蘇合丸을 주어 복용하게 했고, 다음날 다시 승마탕升麻湯을 달여 먹이도록 조처했다. 그러나 야찰의 병이 나아지지 않자, 이문건은 다시 익기탕益氣湯과 사군자탕 등을 달여 먹였다. 한편 1553년 8월 괴산노 혼세와 서동이 이문건을 찾아와 노

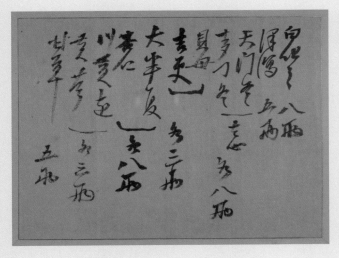

억구지와 순산이 죽은 소의 고기를 먹다가 탈이 났는데, 결국 나이 많은 순산은 사망하고 젊은 억구지는 겨우 목숨을 부지했다고 전했다. 며칠 뒤 이문건은 노 혼세를 괴산으로 돌려보내면서, 아픈 억구지를 옆에서 구료해 줄 것을 당부했다. 이처럼 노주는 병든 노비들에게 약을 지급해 치료하게 했고, 다른 노비들에게 아픈 노비의 병구완을 담당시켰다.

이문건가의 노비들은 복약 이외에도 증상에 따른 다양한 치료를 받았다. 종기를 앓는 노비에게는 의생을 시켜 침針이나 뜸(灸)을 뜨게 했고, 골절 등 외상을 입은 경우 마의馬醫에게 치료받게 했다. 1551년 8월 비 춘비가 부스럼(瘡腫)을 심하게 앓자, 이문건은 의생 배명장에게 침을 놓도록 했고, 1558년 10월 비 주질지의 목이 심하게 붓는 후비증喉痺証이 생기자 의생 박인형을 불러 침을 놓았다. 한편 1561년 10월 노 종만이 목재를 옮기다 넘어져 다리가 부러지자, 이문건은 마의 강순을 불러 종만의 부러진 다리를 살피도록 했다.

그러나 노주가 소유노비의 치료를 위해 매번 의생이나 마의 등을 불러 치료를 맡긴 것은 아니었다. 1558년 노 귀손의 손에 종기가 나자, 이문건은 침으로 종기를 터뜨린 뒤 버드나무를 태운 연기를 쪼이도록 처방했다. 1563년 7월 필이가 산통疝痛을 호소하자, 이문건은 노 만수를 불러 필이의 간병을 맡겼다. 한편 의생 이숙을 불러 뜸을 뜨게 했으나, 필이의 산병은 쉽사리 낫지 않았다. 결국 이문건은 필이의 저혈(疽穴)을 터뜨리고 고름을 짜도록 했고, 다음날 노 만수를 시켜 불에 달군 침으로 필이의 상처를 째고 고름을 빼내도록 했다. 이처럼 노비의 병세가 심각할 경우 의생을 불러 이들을 치료하기도 했지만, 대부분의 경우, 나이 많고 경험이 풍부한 노비들에게 이들의 병구완과 간단한 치료를 맡겼다.

한편, 병을 치료하기 위한 각종 민간요법과 함께 치병 굿을 올리기도 했다. 1551년 5월 비 삼월이 학질에 걸리자, 이문건은 삼월에게 약을 주어 먹였으나 오히려 증세가 심해졌다. 다음 날 이문건은 붉은 글씨로 학귀(瘧鬼)를 쫓는 방문(方文)을 쓰고, 삼월에게 복숭아나무 가지와 버들가지를 끓인 물과 함께 방문으로 싼 복숭아씨(桃仁)를 삼키도록 했다. 이처럼 학질에는 붉은 글씨로 쓴 학질방을 태워 먹거나, 동쪽으로 자란 복숭아나무 가지를 끓인 물과 함께 복숭아씨를 먹는 민간요법 등이 사용되었다. 그러나 병세가 호전되지 않을 경우에는 무녀(巫女)를 불러 치병 굿을 올렸다. 이처럼 노비들의 치병에는 복약이나 침, 뜸 이외에도 각종 민간요법과 치병 굿 등이 다양하게 행해졌다.

노주들은 병든 노비에게 기본적 구료를 제공하고 노비를 시켜 병구완을 돕도록 조처했지만, 오랫동안 병세가 호전되지 않는 경우 병자의 가족을 불러 직접 간호하도록 했다. 1551년 7월 비 춘비가 아프자, 이문건은 괴산에서 있던 남편 방실을 불러 아내를 간병하게 했고, 노 필이가 아프자 괴산에 사는 필이의 아비를 불러 병자를 돌보게 했다.

이 같은 예는 이문건의 처조카 김효갑金孝甲의 노 돌석의 경우를 통해 구체적으로 확인할 수 있다. 노 돌석은 보은에 사는 비 삼월의 아들로, 1555년 10월 이문건을 찾아왔다가 병으로 앓아누웠다. 이문건은 병든 돌석에게 약을 주어 치료하게 했지만, 그의 병은 쉽게 차도를 보이지 않았다. 처음에는 돌석의 누이인 유모 돌금이 동생의 병구완을 담당했지만, 결국 보은에 사는 돌석의 동생 가지를 불러와 돌석을 간호하게 했다. 약 1달여 후 돌석의 병세가 조금 호전되자, 동생 가지와 석근 등이 돌석을 데리고 집으로 돌아갔다.

한편 유모 돌금은 아픈 돌석을 간호하는 과정에서 비 주지와 싸움을 벌이기도 했다. 오랫동안 앓아누웠던 돌석이 겨우 자리를 털고 일어나 음식을 먹을 수 있었는데, 주지가 몸이 아픈 돌석에게 음식을 넉넉하게 주지 않자 누이 돌금이 주지의 야박함에 화를 내며 '개 같은 놈'이라 욕하며 싸움을 벌인 것이다. 이처럼 노주는 병든 노비에게 기본적 구료를 제공했지만, 이들의 치료가 길어질 경우에는 이들 가족이 직접 간병을 담당해야 했다.

그러나 독자적으로 생계를 유지하는 노비의 경우, 노주의 적극적 구료를 받지 못하는 경우도 있었다. 1554년 5월 비 온금은 하빈에 거주하는 동생 군석의 부종浮腫이 심하다는 소식을 듣고, 고향으로 가서 아픈 동생의 병구완을 돕겠다며 수유를 청했다. 그러나 이문건을 온백원溫白元을 보내 군석을 치료하도록 조처했을 뿐 온금의 수유를 허락하지 않았다. 결국 제대로 병구완을 받지 못한 군석이 얼마 뒤 사망하자, 그의 병을 위중하다고 생각하지 않았던 이문건은 갑작스러운 사망 소식에 놀라움을 표시하기도 했다.

두려움의 대상, 죽음

질병의 원인을 정확히 파악하지 못했던 전근대사회에서 질병은 두려움의 대상이었고, 사람들은 가급적 이를 피하고자 노력했다. 질병의 원인을 액厄이나 귀신의 작용이라고 인식한 사람들은, 이를 피하거나 달래고 쫓아내는 방식으로 질병을 극복하고자 했다.

1547년 1월 이문건가의 이웃에 사는 사람이 유행병(時病)에 걸려 앓아눕자, 그 아내가 병든 남편을 버리고 도망치는 사건이 벌어졌다. 이 소식을 전해들은 이문건은 자신의 집에 병이 옮을 것을 두려워하여, 성주목사 이윤경李潤慶에게 병자를 다른 곳으로 옮겨 줄 것을 요청했다. 그러나 미처 병막病幕을 세우기도 전에 병자가 집에서 죽자, 마을 사람들이 몰려가 그 집과 살림살이를 부수고 불을 질렀다. 이처럼 괴질怪疾이나 역병 등 전염병이 발생하면 사람들은 공공장소를 피해 병막을 세워 병자를 격리했고, 때로 병자의 집이나 기물을 태워 병의 확산을 막았다.

한편 질병에 대한 두려움은 이를 극복하기 위한 다양한 관념들을 형성했다. 1553년 윤3월 이문건은 성주판관 최여주崔汝舟에게 편지를 보내, 그가 머무는 방이 전 성주목사 이윤경의 아내가 오랫동안 병을 앓았던 곳이라며 거처를 옮길 것을 권했다. 최여주는 이문건의 충고에 따라, 그날 즉시 자신의 거처를 옮겼다. 이는 특정 장소에 대한 터부를 통해 액을 피하고자 하는 인식의 한 표현으로 보인다.

당시 사람들은 평소 사용하던 거주 공간을 옮겨 지내는 피접避接을 통해 질병을 피하고자 했다. 피접은 병자가 평소 머물던 방을 벗어나 다른 방에 지내거나, 가까운 이웃집으로 옮겨 며칠간 머무는 방식으로 행해졌다. 이는 일시적이고 가벼운 병증에 주로 사용되었는데, 오랫동안 병을 앓는 병자의 경우에도 피접이 건강 증진에 도움이 되는 것으로 인식했다. 1545년 윤1월 비 무기의 몸에 붉은 점이 나타나자, 이문건은 아픈 무기를 이웃 집으로 옮기도록 조처했다. 1561년 4월 비 옥춘이 학질을 앓자, 이문건은 이웃집에 방을 빌려 옥춘을 피접 보내기도 했다.

때로 전염병으로 병세가 확산될 경우, 다른 지역에 있는 친 인척이나 노비의 집으로 거처로 옮겨 지내기도 했다. 1559년 1월 괴산에 사는 김충갑 집에 갑작스러운 괴질怪疾이 돌아, 동생 김우갑이 앓아눕고 집안에서 부리는 비 6명이 한꺼번에 죽었다 는 소식이 전해졌다. 이문건은 우선 괴산에 머물던 며느리 김해 김씨를 보은에 사는 비 삼월의 집으로 피접하도록 조처했다. 며 칠 뒤 노 귀손이 보은에서 돌아와 며느리가 괴산을 떠나 보은에 도착했고, 종조카 이휘의 아내 수찬댁 가족 역시 대전에 있는 노 상손의 집으로 피접했다는 소식을 전했다. 이처럼 원인 모를 괴질이나 역병이 유행할 경우, 사람들은 병을 피해 고을의 경계 를 넘어 다른 고을로 피접했다.

피접을 통해 액이나 질병을 피하고자 하는 관념은 죽음의 경우에도 유사하게 적용되었다. 특히 노비의 경우, 죽음을 앞두 고 자신이 살던 노주의 집에서 나와 밖에서 죽음을 맞이해야 했 다. 이는 당시 사람들이 죽음으로부터 일정한 거리를 유지하는 하나의 방식이었다.

1552년 7월 노 야찰의 병이 심해져 운신하지 못하게 되었고,

얼마 후 스스로 곡기를 끊는 상황에 이르렀다. 이에 이문건은 강가에 병막을 치고 야찰을 옮긴 뒤 노 만수를 보내 병자를 돌보도록 했고, 노 야찰은 병막으로 옮겨진 지 이틀 만에 사망했다. 한편 아내 돌금은 죽음에 앞서 남편 야찰을 병막으로 보내는 노주 이문건의 결정에 별다른 반대를 표하지 않았다.

이와 관련하여 또 다른 노 거동의 경우가 주목된다. 1562년 1월 노비들에게 감기가 유행했는데, 함께 앓기 시작한 비 삼월과 달리 거동의 병세는 쉽사리 나아지지 않았다. 가벼운 감기로 시작한 거동의 증세가 점차 악화되자, 노주 이문건은 노 만수를 시켜 거동을 집 밖으로 옮기도록 조처했다. 그러나 만수는 거동이 아직 죽을 기미가 보이지 않는다는 이유를 들어, 그를 병막으로 옮기라는 노주의 명령을 거부했다.

앞서 노 만수는 병든 야찰을 병막으로 옮기라는 노주의 명령을 그대로 따랐고, 야찰의 아내 돌금은 역시 반대하지 않았다. 이는 만수뿐만 아니라 돌금 역시 남편의 죽음을 어느 정도 예상했기에, 집 밖으로 병자를 옮기라는 노주의 결정에 수긍한 것으로 보인다. 그러나 거동의 경우, 그의 병세가 죽을 정도로 심각한 상태라고 인정되지 않는 상황이었기에, 만수가 노주의 결정에 반대한 것으로 보인다. 이처럼 노비들은 노주가 아픈 노비의 구료를 포기하는 일을 쉽사리 받아들이지 않았다.

노비의 장례, 초장

1552년 12월 이문건은 광주에 살던 노 만수의 어미가 죽었고, 그의 가족들이 만수가 오기를 기다려 어미의 장례를 미루고 있다는 소식을 들었다. 당시 이문건은 만수가 어미의 장례를 치르러 곧바로 달려갈 것이라 생각했지만, 만수는 소식을 들은 뒤 보름 이후에야 길을 나섰다. 노주의 예상과 달리, 만수가 이처럼 뒤늦게 출발한 이유는 무엇일까? 이는 당시 보편적으로 행해지던 초장草葬의 장례 풍습 때문으로 보인다.

초장은 초분草墳, 초빈草殯, 소골장掃骨葬 등으로 불리는데, 시신을 곧바로 땅에 묻지 않고 일정 기간 두어 육탈한 다음 뼈만 매장하는 전통적 장례 방식이다. 초장을 행하는 이유에 관해서는 여러 가지 견해가 있다. 음력 섣달에 땅을 파헤치면 지신地神이 노해 땅을 파는 사람에게 해가 된다는 속신俗信 때문이라는 설, 망자와 묘지로 쓰려는 땅의 운세가 맞지 않을 경우 행한다는 설, 돌림병으로 죽거나 객사한 경우, 어린아이가 죽었을 경우에 행한다는 설 등 다양하다.

그러나 초장이 행해진 주요한 이유 중 하나는, 사망 이후 장례를 치르기까지 어느 정도 시간을 확보할 수 있었다는 이점 때문으로 보인다. 교통이 발달하지 못했던 당시 먼 곳에 사는 가

그림 12 초분, 한국학중앙연구원
장서각 소장

족에게 망자의 부음을 전하는 일은 쉽지 않았고, 장례 일정에 맞추어 기한 내에 도착하지 못하는 경우도 있었다. 이 밖에 경제력의 부족으로 장례에 필요한 관이나 장지葬地 등을 마련하기 힘들었을 것도 예상할 수 있다.

특히 노비들은 가족의 생사나 근황을 알지 못하는 경우가 많았다. 노비들은 노주의 재산 분깃(財産分衿)에 따라 각기 다른 노주에게 분산분재 되었고, 이후 가족의 소식을 듣지 못하는 경우도 많았다. 이는 이문건의 누이 청파자씨靑坡姉氏의 비 말질개의 경우를 통해 확인할 수 있다. 1548년 1월 노 천수가 이문건을 찾아와, 자식 없이 죽은 누이의 제사를 받들던 비 말질개가 화재로 사망했다는 소식을 전했다. 얼마 후 경주에 사는 말질개의 아비 청동이 이문건을 찾아왔는데, 그때까지 아비 청동은 딸 말질개의 죽음을 알지 못했다.

이 같은 상황에서, 초장은 망자의 가족에게 시간적 여유를 주고 이후 적당한 때를 골라 가족이 함께 장례를 치를 수 있도록 해 주는 장례 방식이었다. 앞서 노 만수가 어미의 사망 소식을 듣고 곧바로 고향으로 달려가지 않았던 이유 또한 그의 가족들이 어미의 시신을 초장한 채 만수의 귀향을 기다렸기 때문으로 보인다.

또한 초장은 고향을 떠나 살아가던 노비들이 자신의 고향에 안장될 수 있는 장례 방식이기도 했다. 1552년 8월 노 야찰이 죽자, 아내 돌금은 남편 야찰을 초장하고 훗날 고향인 보은에 매장하고 싶다는 뜻을 내비쳤다. 하지만 이문건은 노동력 부족을 이유로 그녀를 설득했고, 결국 돌금은 남편 야찰을 성주에 매장했다. 이처럼 노비들은 고향을 떠나 노주가 사는 낯선 곳에서 살아야 했지만, 이후 자신의 고향에 안장되기를 희망했다.

한편 사람들은 삶의 마지막 절차가 가족 안에서 이루어지기를 희망했다. 1551년 8월 손녀 숙복이 사망하자, 이문건은 다음

날 목수를 시켜 작은 관을 만들게 하고 직접 숙복을 염했다. 이에 관해 이문건은 '대신할 사람이 없었다'고 짧게 기록했는데, 이는 온전하지 못한 숙복의 부친 이온 대신 조부인 자신이 손녀를 염했다는 의미로 보인다. 이처럼 삶의 마지막 절차를 가족 내부에서 행하는 모습은 노비의 경우도 마찬가지였다. 노비들은 어미와 달리 그 아비의 존재를 확인하기 쉽지 않고, 노비

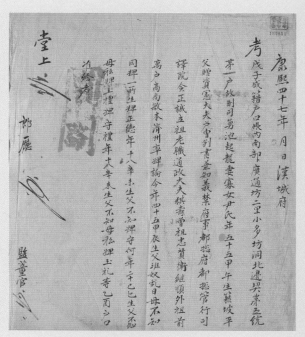

그림 13 「지기룡처윤씨준호구」, 서울대학교 규장학한국학연구원 소장

지기룡의 아내 과부 윤씨가 발급받은 준호구이다. 가내사환노비의 경우 대부분 '아비를 알지 못함(父不知)'이라 기록되었다

와 관련된 각종 기록에서도 '아비를 알 수 없음(父不知)'이라고 기재된 경우가 많았다. 이는 어미의 소유주가 그 자식의 소유권을 지니는 종모(從母)의 관행에 따른 현상으로, 노주의 입장에서 볼 때 아비의 존재는 그리 중시되지 않았기 때문이다.

하지만 노비들도 혈육에 대한 각별한 애정을 지녔고, 자녀가 사망할 경우 아비가 직접 장례를 치렀다. 1551년 8월 비 춘비의 아들 검동이 죽자 아비 방실이 빈 상자(箱子)를 구해 아이를 염한 후 산에 묻었고, 1559년 1월 비 윤개의 아이가 죽자 아비 연수가 이를 매장했다. 1561년 윤5월 비 유덕의 쌍둥이 딸 후복이 죽자 아비 귀손이 장례를 치렀고, 같은 해 11월 비 가절종의 딸이 죽자 아비 서동이 아이의 시신을 묻었다.

한편, 당시 사람들은 죽은 자신의 혈육을 초분에 두고, 마치 산 사람처럼 그 곁에서 함께 지내기도 했다. 그러나 가족이 아닌 경우, 타인의 유골(遺骨)을 수습하는 일을 꺼렸는데, 이는 이문건가의 노 효원의 경우를 통해 확인할 수 있다. 1558년 11월 노 효원이 감기(傷寒)로 인해 금산에서 앓아누웠다는 소식이 전해졌다. 이에 이문건은 노 만수를 보내 아픈 효원을 간병하게 했지만 결국 효원이 죽자, 만수는 그를 금산에 초장한 뒤 성주로 돌아왔다. 이듬해 1월 이문건이 죽은 노 효원을 성주로 옮길 뜻을 밝히자, 노비들이 앞을 다투어 이를 가을 이후로 미루자고

했다. 이에 관해 이문건은 '노비들이 그 시신이 미처 다 육탈되지 않은 것을 꺼렸기 때문'이라고 기록했다.

한편 이문건의 또 다른 비 온금의 사례를 통해, 당시 노주들은 초장보다 매장을 선호했음을 확인할 수 있다. 1561년 11월 3일 이문건의 손녀 숙희가 혼례를 올렸는데, 마침 이날 밤 비 온금이 병으로 죽었다. 남편 종년은 아내 온금의 죽음을 미처 노주에게 알리지 못한 채, 다음 날 새벽 죽은 아내를 초장했다. 며칠 뒤 온금의 죽음을 알게 된 노주 이문건은 그녀의 가족에게 관 값을 지급하고 온금을 매장하게 했다. 앞서 이문건은 남편 야찰을 초장한 뒤 이후 고향으로 옮기고 싶다는 아내 돌금을 뜻을 인력이 부족하다는 이유로 설득해, 결국 야찰을 성주에 매장했다. 이처럼 노주들은 개장改葬 과정에서 많은 비용이 소용되는 초장보다 직접 매장하는 방식을 선호했고, 때로 매장에 필요한 관棺을 마련해주기도 했다.

이문건은 성주목의 도움을 받아 노비의 관을 마련해 주기도 했지만, 사정이 여의치 못할 경우에는 장시에서 직접 관판을 사고 목수에게 관을 만들도록 했다. 1562년 2월 노 거동이 사망하자 이문건은 장시에서 관목을 사고 목수에게 관을 짜도록 했는데, 이때 지급된 관판 값은 무명 2필이었다.

이 밖에 이문건은 죽은 노비들을 위해 제사에 소용되는 제수를 마련해 주거나 무사巫事를 행해 주기도 했다. 1551년 6월 노 상손의 어미 종금이 딸의 집에 들렀다가 비를 맞은 채 성주 이문건가로 찾아왔는데, 이후 설사병을 앓다가 결국 사망했다. 다음 날 이문건은 성주판관에게 부탁해 죽은 비 종금의 관을 만들어 주었고, 노들을 시켜 죽은 노 수손의 묘 근처에 장례를 지내도록 했다. 열흘 뒤 이문건은 종금의 아들 상손에게 제물을 지급하고 어미의 묘에 제사를 올리도록 했다. 한편 1558년 12월 노 효원이 객지에서 사망하자, 무녀 추월을 불러 죽은 효원을 위한 굿판을 벌여 주기도 했다.

5

노비 저항과
노주의 통제

1661년 2월 이문건을 찾아온 여응해와 여침은 진사 이희명
의 덕행과 늙은 비 금이덕의 행실을 성주목사에게 보고할 뜻을
밝혔다. 이문건은 특히 여응해의 비 금이덕이 상전을 위해 위아
래 8차례 상喪을 치르면서 매번 3년 동안 소식素食했고, 40여 년
을 과부로 살며 재가하지 않았으며 평소 남과 다투거나 힐난하
는 일이 없었다는 점 등을 매우 아름답다고 평가했다. 이처럼
노주들은 노비로서의 이상적 모습을 보이는 존재를 충노忠奴로
규정하고, 이들에 대한 포상을 통해 다른 노비들을 교화하고자
노력했다.

　그러나 대부분의 경우, 노비들은 반항과 태업, 중간 횡령, 도
망 등을 일삼았고, 노주들을 이들을 제어하기 위한 다양한 방식

들을 강구해야만 했다.

동류의식과 괴담의 유포

노비들은 어린 시절부터 노비로서의 적절한 행동양식을 교육받았지만, 이들이 노주의 의지대로 충직한 노비로 자란 것은 아니었다. 이들은 자신들만의 동류의식同類意識을 형성하여 서로 보듬었고, 노주에 대한 불만을 다양한 방식으로 해소하고자 노력했다.

1552년 1월 비 무기는 이문건의 아들 이온이 노 귀손을 때리려 한다는 것을 알고, 비 향복을 시켜 귀손에게 이를 미리 귀띔하게 했다. 이를 전해들은 귀손은 죄 없는 사람을 이유 없이 때리려 한다며 반항했다. 이처럼 노주가 체벌하려 할 때, 노비들은 이를 미리 알려주어 피하게 하거나 변명할 기회를 주는 등 이들 사이의 특별한 대응 방안을 지니고 있었다. 결국 이 사건으로 매를 맞은 것은 함부로 말을 전한 무기와 향복이었고, 정작 체벌하려 했던 귀손은 매를 피할 수 있었다. 비록 무기와 향복이 체벌을 받았지만, 적어도 귀손은 이유 없이 매를 맞는 억울함을 면한 것이다. 이러한 노비들의 행동양식에 관해 이문건은 '자신에게 이익이 없는 경우에도 거짓을 꾸민다'고 평가했다. 그러나 노비들이 별다른 이유 없이 노주를 속이는 경우, 이는 대부분 다른 노비의 잘못을 덮어주거나 체벌을 면하게 해주려는 목적이 있었다.

　노비들의 동류의식을 강화하는 또 다른 기제로, 노주에 대한 반항과 적개심을 표현한 괴담怪談의 유행을 들 수 있다. 당시 괴담류의 이야기는 노비나 일반 양인뿐만 아니라 승려, 양반들 사이에서도 매우 유행되었다. 괴담의 내용에는 여종을 때려죽인 노주의 이야기나 사위와 간통한 여종을 죽이고 시신을 강에 버린 여성 노주의 이야기 등 노비와 노주 사이의 갈등을 표현한 경우가 많았다. 이는 노비들이 항간을 떠도는 각종 풍문에 자신들만의 해석을 덧붙여 노주에 대한 불만을 표출한 것으로, 노비들이 행한 저항 행동의 하나로 파악된다. 노비들은 자신을 괴롭힌 간악한 노주가 결국 그 죗값을 치르게 된다는 식의 괴담을 만들어 유포하고, 이를 함께 즐김으로써 자신들만의 동류의식을 나누었다.

　당시 사람들은 갑작스러운 죽음이나 질병의 원인을 혼령魂靈에 의한 것으로 생각했는데, 노비들은 억울하게 살해당한 노비의 혼령이 살아있는 노주를 괴롭히거나 심지어 죽음에 이르게 한다는 괴담을 퍼뜨리기도 했다.

1557년 2월 이문건은 어린 노비로부터 창령에 사는 이생원이 측간에 갔다가 살해된 노의 혼령을 보고 즉사했다는 소문을 전해 들었다. 다음 날 성주목사 노경린盧慶麟으로부터 흉문凶聞의 주인공이 이경초李景初임을 확인한 이문건은 얼마 뒤 그 집안의 노비에게 노주의 사망에 관해 자세히 물었다. 지난달 27일 측간에 갔다가 허리에 통증을 느낀 생원 이경초가 다시 방으로 돌아와 술을 마시고 잠을 잤는데, 다음 날 아침 일어나지 못했다는 것이다. 이문건은 더 이상 그의 죽음이 억울하게 살해된 노비의 혼령 때문이라는 괴담을 언급하지 않았지만, 갑작스러운 죽음이 원한과 관련된 혼령이 작용한 결과라는 생각은 당시 매우 일반적이었다.

1562년 1월 이문건의 아내 안동김씨가 심한 병을 앓게 되자, 그녀는 자신이 갑자기 병이 난 까닭을 '애정의 혼령'이 와서 괴롭히는 것이라고 말하며, 비 억금에게 반주飯酒를 갖추어 귀신에게 빌도록 했다. 그러나 별다른 효험이 보이지 않자, 다음날 무녀 추월을 불러 고사를 지내 수귀祟鬼를 달래 보내도록 했다. 당시 수귀는 병을 일으키는 원인으로 믿어졌는데, 이 밖에 억울하게 죽은 혼령이나 평소 사이가 좋지 않았던 사람의 혼령 역시 저승에서 상대방에게 해를 끼치는 존재로 인식되었다.

때로 노비들은 뜬소문(浮言)을 퍼뜨려 노주를 곤경에 빠뜨리기도 했다. 1553년 8월 권적權績은 친척을 살해했다는 뜬소문에 의해 성주관아에 잡혀 목에 칼(項鎖)을 차고 수감되는 고초를 겪었다. 이문건은 판관 최여주崔汝舟에게 편지를 보내 권적을 보방保放해 줄 것을 부탁했으나, 판관은 도망칠 우려가 있다며 그의 청탁을 거절했다. 결국 권적은 얼마 동안 옥고獄苦를 치른 후 보방 되었다. 얼마 후 이문건을 찾아온 권적은 노비들이 만들어 낸 뜬소문으로 인해 옥에 갇히는 수모를 받은 것이 괴롭다며 오랫동안 탄식했다. 이처럼 노비들이 만들어 낸 뜬소문은 노주가 실제 관아에 추착될 만큼 영향력이 있었다. 노비들은 노주를 고소·고발할 수 없도록 『경국대전』에 규정되어 있었지만, 뜬소문을 퍼뜨림으로써 양반인 노주가 옥고를 치러야 했다는 점은 당시 노-주 갈등의 일면을 보여 준다.

소극적 반항과 적극적 저항

노비들은 노주에게 적극 대항하기보다 소극적으로 반항하는 경우가 많았는데, 이는 소소한 말대꾸에서 기물 파손, 태업에 이르기까지 다양한 방식으로 나타났다. 소극적 반항은 잘못에 대한 노주의 잦은 꾸지람과 잔소리, 체벌 등이 원인으로, 이들은 몰래·숨어 사환에 응하지 않거나 체벌 이후 매 맞은 부위가 아프다고 칭병稱病하며 일하지 않았다.

비 춘비는 일을 열심히 하지 않았다는 이유로 매를 맞자, 매 맞은 곳이 아파서 움직일 수 없다며 앓아누웠다. 비 향복은 노주의 잔소리가 듣기 싫어 처마 밑에 숨어 노주의 눈에 띄지 않는 방식으로 사환을 피했다. 한편 이문건가에 투탁해 생계를 유지하던 조곡녀는 화가 나자, 종일 울면서 일하지 않았다.

때로 노비들은 주가의 물건을 일부러 숨겨 두고, 노주의 애를 태우기도 했다. 화로에 쓰는 부젓가락이 보이지 않아 이를 간수하지 못한 죄로 비 주지에게 매를 때렸는데, 얼마 뒤 없어진 부젓가락이 마루 밑에서 발견되었다. 이문건의 손녀 숙희가 노리개를 잃어버렸는데, 비 옥춘이 이를 등롱(紙燈) 속에 감춰두어 결국 밤이 돼서야 찾을 수 있었다. 이처럼 없어진 물건들은 매번 엉뚱한 장소에서 발견되었고, 이는 노비들이 의도적으로 물건을 숨김으로써 노주를 골탕 먹이고자 했던 것으로 보인다.

한편 고의적으로 물건을 파손하는 등 보다 적극적으로 노주에게 피해를 주기도 했다. 비 향복은 남의 집에서 빌려온 고급 약탕기를 깨뜨려 노주를 곤란하게 했고, 화가 나자 일부러 노주가 아끼는 빗을 분질렀다. 이 밖에 실수를 가장해 밥상을 부수고 그릇을 깨는 등 향복의 소소한 반항은 매우 잦았다. 이처럼 노비들은 노주에 대한 자신들의 불만을 소극적으로나마 표현하고자 했고, 이는 일상생활에서의 소소한 반항으로 나타났다.

이와 관련하여 다음의 기사는 노비들의 고의적 기물 파손과 중간 횡령의 모습을 함께 보여 준다. 1555년 윤3월 비부 방실이 표주박을 깨뜨렸다는 말을 전해들은 이문건은 그 벌로 방실에게 볼기 10대 때리겠다고 했다. 그러자 방실이 자신이 진짜 표주박을 깨뜨린 것이 아니라 거짓으로 노주를 속인 것이라고 인정한 뒤 훔친 표주박을 다시 노주에게 바쳤다. 같은 날 이문건은 노 귀손이 근래 여러 차례 물건들을 깨뜨리고 성질을 내며 불손하게 굴었다는 점을 들어 볼기 20대를 때렸다.

이는 노비의 기물 파손이 단순히 실수에 의한 것이 아니었음을 잘 보여 준다. 비부 방실은 표주박을 깨뜨렸다고 보고한 후, 노주가 그저 실수로 인정하고 넘어갈 경우 자신이 이를 몰래 차지하려 했던 것이다. 그러나 노주가 이를 문제 삼아 체벌하려 하자, 자신의 거짓을 인정하고 횡령하려던 물건을 도로 노주에게 바쳤다. 한편 평소 노 귀손의 잦은 농간을 눈여겨보고 있던 이문건은 귀손을 좇아 방실까지 주가의 물건에 손을 대려 한다면서, '상전에 대한 불손'이라는 불분명한 이유를 들어 귀손을 체벌했다.

한편, 노비들은 노주의 꾸짖음이나 체벌을 순순히 받아들이

지 않았고, 다양한 방식으로 반항했다. 노주의 잔소리를 들은 비 향복은 화를 내며 밥을 먹지 않았고, 비 개금은 일부러 상추를 뿌리까지 모두 뽑아 버렸다. 비 주지는 오만한 말들을 늘어놓고 심지어 노주에게 소리를 지르며 대들다가 매를 맞기도 했다.

그러나 노비들은 노주의 체벌을 그리 두려워한 것 같지는 않다. 노비들은 매를 두려워하기보다 오히려 크게 소리 지르고 울면서 자신의 억울함을 주장했다. 즉 노주들은 체벌을 통한 노비 제어를 예상했으나, 실제 이들에게 내려지는 체벌의 강도는 그리 높지 않았다. 노주 역시 노비들을 체벌로 제어한다는 것은 불가능하다는 것을 익히 알고 있었던 것이다.

저항의 가장 적극적 방식은 무엇보다도 도망이었다. 노비의 도망 사유는 다양하게 나타나는데, 이를 크게 체벌과 체벌에 대한 두려움, 혼인관계의 불만족, 소유재산의 보존 등으로 나누어 살펴볼 수 있다.

우선 체벌과 관련된 도망의 경우로, 비 유덕은 주인마님에게 벌 받을 것이 두려워 도망쳤다가 다음날 잡혀 왔다. 비 옥춘은 노주에게 억울한 매를 맞은 것이 화가 나 이웃집으로 도망쳤다가 집주인의 손에 이끌려 되돌아왔다. 이처럼 노비에 대한 지나친 체벌이나 체벌에 대한 두려움은 노비 도망의 원인이 되었다.

다음으로, 혼인관계의 불만족 역시 도망의 사유가 되었다.

비 유덕은 남편 거공과의 혼인생활이 싫어 도망쳤다가 1년여 후 고향인 전라도에서 추쇄되었다. 서동의 아내 가절종은 남편의 잦은 구타를 이유로 도망쳤다가, 얼마 후 되돌아왔다. 이처럼 불만족스러운 혼인관계나 배우자의 구타는 도망의 원인이 되었다.

마지막으로 소유재산을 지키기 위해 도망한 경우도 있다. 1561년 11월 이문건은 타인 소유 비처와의 사이에서 5명의 아들을 둔 노 석지에게 재산을 기상할 것을 요구했다. 이듬해 1월 석지는 재물을 모두 팔고 노주 몰래 도망치려다 잡혔고, 결국 노주에게 기상문서를 바쳤다. 이처럼 노비들은 자신의 재산을 지키기 위해 도망치기도 했다.

노주의 통제와 체벌

1563년 12월 이문건은 비 유덕을 불러, 며느리 김해김씨의 눈치를 잘 살피고 그녀가 화를 내며 시어머니 안동김씨의 뜻을 거스르지 않도록 잘 모실 것을 당부하면서 버선 한 켤레를 주었다. 물론 이문건은 이 같은 당부와 함께 차후 또다시 며느리와 시어머니 사이에 갈등이 생기게 되면, 대신 유덕에게 그 책임을 물어 체벌할 것을 밝혀 두었다. 이처럼 노비에게 일을 열심히 하라는 당부와 함께 선물 등 혜택을 주고, 동시에 맡은 일을 제대로 못하면 응당 체벌하겠다며 으름장을 놓는 이문건의 모습은 당시 노주가 노비를 대하는 일반적 태도를 잘 보여 준다.

노주가 노비를 대하는 가장 이상적 태도로는 '은위병행恩威並行'이 중요시되었다. 이는 '은혜를 베풀어 노비의 마음을 얻고 위엄을 가해 이들을 제재하되 그 마음을 잃지 않도록 하는 것'으로, 노비를 잘 부리는 요체라고 인식되었다. 따라서 노주들은 어린 시절부터 '은위'로서 노비를 제어하는 방식을 교육받았지만, 실제 이를 행하는 일은 쉽지 않았다.

이문건은 손자 숙길이 노비들을 자주 침해하기 때문에 노비들이 그를 싫어한다면서, 노비들을 함부로 대하는 그의 태도를 지적하기도 했다. 그러나 숙길의 행동은 쉽사리 고쳐지지 않았다. 1563년 7월 비 윤개가 밥상을 빨리 차려오지 않자, 숙길은 '배가 고프다'고 화를 내며 윤개에게 매를 때렸다. 당시 숙길은 '지난번에도 밥상을 빨리 내오라는 뜻을 가르쳤음에도 불구하고 여전히 명령을 따르지 않아 매를 때렸다'며 체벌의 이유를 변명했지만, 그는 사소한 일로 노비에게 화를 내고 체벌하는 일이 잦았다. 이에 이문건은 손자 숙길이 '아랫사람을 잘 다스리지 못한다'며 한탄했다.

노비들을 함부로 대하는 태도는 비단 숙길만의 문제는 아니었다. 1552년 5월 이문건의 아들 이온이 비 옥춘에게 매를 때리려 했는데 옥춘이 이를 피해 달아나 버리자, 때마침 지나가던 비 주지를 대신 때려 주지의 머리에서 피가 나기도 했다. 1554년 1월 노 효원은 무례하게 노주 앞에서 패랭이를 쓰지 않았다는 이유로, 이온에게 귀에서 피가 날 정도로 뺨을 맞았다.

이처럼 '은위병행'으로 노비들을 다스리는 방식은 쉽지 않았고, 노주들은 대부분 체벌을 통한 노비 제어의 방법을 사용했다. 그러나 노주의 잦은 체벌은 노비 도망의 원인이 되었기에, 체벌은 신중하게 이루어져야 했다.

1555년 7월 이문건의 아내 안동김씨 역시 노비 제어의 어려움을 남편에게 토로했다. 안동김씨가 아픈 아들 이온 곁에서 시중들면서 화난 목소리로 크게 떠든 비 주지를 꾸짖었는데, 이후 주지가 나쁜 마음을 먹고 도망칠까 두려워지는 것이 스스로 한탄스럽다며 노비 다루기의 어려움을 호소했다. 이처럼 잦은 체벌은 노비 도망의 원인으로 간주되었기에 노주들은 적절한 선에서 체벌의 수위를 조정해야 했고, 심지어 노비에게 꾸중이나 잔소리를 한 이후에는 노비 도망에 대한 걱정이 이어졌다.

그러나 체벌은 그 속성상 정당한 이유나 명목 없이 행해지는 경우가 많았다. 이문건 자신도 노비에 대한 감정적이거나 과

도한 체벌을 스스로 경계하고 반성했지만, 이는 결코 쉬운 일이 아니었다. 노주의 부름에 빨리 응대하지 않았다거나, 머리를 빗지 않고 옷에서 냄새가 난다는 등 노비 체벌의 사유는 이루 다 헤아릴 수 없이 많았다. 노비들은 이러한 노주의 체벌을 순순히 받아들이지 않았고, 최대한 자신의 입장을 주장했다.

1561년 5월 노 필이가 뽕잎을 따러 대가곡으로 가면서, 다리를 다쳐 치료 중인 말을 멋대로 끌고 갔다. 이문건이 허락 없이 함부로 말을 끌고 간 잘못을 추궁하자, 필이는 오히려 자신의 입장을 강변하다가 결국 매를 맞았다. 이처럼 노비들은 노주의 체벌을 순순히 받아들이지 않았고, 비록 매를 맞더라도 끊임없이 자신의 억울함과 체벌의 부당함을 주장했다. 이 같은 태도는 비들 역시 마찬가지였다. 1563년 8월 아내 안동김씨가 비 주지의 오만불손함을 꾸짖자, 노주의 말을 수긍하기는커녕 오히려 화를 내며 큰소리로 말하기를 그치지 않아 결국 매를 맞았다.

이에 노주들은 노비의 주장을 듣고 이들의 입장을 어느 정도 헤아려 체벌의 수위를 정할 수밖에 없었다. 그러나 이 같은 양보가 노비를 체벌하지 않음을 의미하는 것은 아니었다. 노주는 일단 노비의 자기주장을 들어준 후, 노주에게 복종하지 않는다는 '무례죄'나 집안에 분란을 일으킨 '소란죄' 등의 명목으로 체벌하는 우회적 방식을 사용했다.

1561년 9월 노 연수 등이 울타리를 만들기 위해 집에 있던 감나무를 베었는데, 뒤늦게 이를 알게 된 숙길이 몹시 화를 냈다. 며칠 뒤 화가 난 노 서동이 이문건을 찾아와, 숙길에게서 빼앗은 대나무 막대를 바치며 숙길에 대해 험한 말(辱言)을 하다가 도리어 매를 맞았다. 노 서동이 며칠 전 베어 낸 감나무로 울타리를 만들고 있었는데, 숙길이 감나무를 자른 일에 관해 불평하면서 울타리를 만드는 서동의 작업을 방해한 것이다. 결국 화가 난 서동은 숙길이 들고 있던 대나무 막대를 빼앗은 후 상전인 이문건에게 와서, 숙길이 자신의 일을 방해한다며 이를 욕하다가 결국 매를 맞은 것이다.

한편 서동을 통해 사태의 정황을 파악한 이문건은 그의 불만이 옳다는 점을 인정하고, 서동이 빼앗아 온 숙길의 대나무 막대를 부러뜨렸다. 비록 서동은 어린 상전에게 욕하며 대든 죄로 매를 맞아야 했지만, 어린 상전의 부당한 행동을 그냥 참지 않았다.

노비 통제는 체벌 이외에도 다양한 방식으로 이루어졌다. 이문건은 때로 노비들에게 수유受由를 주어 가족을 만나거나 병을 치료하는 등 개인적인 일을 처리할 수 있도록 했다. 1551년 9월 비 온금의 아이가 이질과 황달 증세로 심하게 앓자, 이문건은 온금이 아이와 함께 하빈에 있는 아비 돌매의 집에서 지낼 수 있도록 수유를 주기도 했다. 이때 온금은 약 30일 정도 머물다가 돌아왔다. 비 옥춘 역시 수유를 받고 친척집을 방문하거나 개인적인 일을 처리했다. 1555년 9월 옥춘은 수유를 받아 가천에 다녀왔고, 이듬해 9월 다시 수유를 받아 화원에 갔다. 그러나 옥춘의 귀환이 늦어지자 이문건은 노 귀손을 보내 옥춘을 잡아오게 했고, 수유의 기한을 넘긴 죄로 옥춘에게 볼기 20대를 때렸다.

그러나 잦은 도망 등 말썽을 부리는 노비의 경우, 이 같은 수유의 혜택이 제한됐다. 1551년 1월 비 눌질개가 남편을 만나러 가겠다며 수유를 청하자, 이문건은 도망쳤다가 되돌아온 지 얼마 되지 않았다는 이유로 눌질개를 질책하고 이를 허락하지 않았다. 심지어 동생의 사망 소식을 전해들은 비 춘비가 큰소리로 곡을 하자, 이문건은 도망칠 때에는 그 가족들을 염두에 두지 않더니 이제와 동생의 죽음을 슬퍼한다며 춘비의 뺨을 때리고 곡조차 하지 못하도록 했다.

완호를 통한 노비 관리

1546년 11월 가천에 사는 영해댁의 늙은 비가 이문건의 아내 안동김씨를 찾아오자, 안동김씨는 이를 매우 반가워했다. 영해댁은 안동김씨의 외조부 김익겸의 집안으로, 가천의 늙은 비는 아마도 어린 시절 안동김씨를 알던 존재로 보인다. 남편 이문건의 유배로 인해 안동김씨가 성주로 옮겨 오자, 예전에 안동김씨와 안면이 있던 노비들이 그녀를 찾아왔고, 이들 노비의 방문을 안동김씨는 흔쾌하게 맞이했다.

　1556년 11월 한예숙 집안의 옛 노 말질금이가 찾아오자, 이문건은 그를 매우 반가워하며 목화 1말을 내어준 후 술을 먹여 보냈다. 한편 1557년 10월 사촌형 이공장의 노 정석이 흥해로 퇴거한다며 이문건을 찾아와 하룻밤을 묵었다. 다음날 이문건은 떠나는 정석에게 5되의 노자를 마련해 주었는데, 그에게 보태준 노자가 자신의 마음보다 부족하다며 못내 아쉬워하기도 했다.

　이처럼 노비가 노주의 친우나 친인척을 찾아온 까닭은 인간적 정분의 측면 이외에 다양하게 존재했다. 우선 노비들은 먼 곳에 거주하는 노주를 대신해 각종 완호完護를 부탁하기 위해 이들을 찾았다. 1545년 11월 사촌형 이공추의 비 극비가 아들 말질손과 함께 찾아오자, 이문건은 이들 모자과 함께 옛일을 생각하며 눈물을 흘렸다. 비 극비가 죽은 노 조명의 딸이라는 기록으로 보아, 이문건은 극비의 아비 역시 알고 지냈던 것으로 보인다. 이날 이문건은 극비와 말질손에게 밥을 먹이고 하룻밤 재워 보냈다. 얼마 후 말질손이 다시 이문건을 찾아와 판관에게 청해 완초蕪草를 감면해 달라며 부탁했고, 다음날 이문건은 말질손호의 완초와 청밀·심황 등을 감면한다는 내용의 질첩作帖을 받아 주었다. 말질손은 어미 극비가 이문건과 오랜 인연이 있었다는 사실을 알고, 어미와 함께 이문건을 찾아가 그에게 완호를 부탁한 것이다. 이후 말질손의 완호 요청은 때로 받아들여지고 때로 거절되면서, 그가 사망할 때까지 계속 이루어졌다.

그렇다면 노주가 타인 소유 노비들의 각종 완호 요청을 받아주면서 이들의 편의를 돌봐준 이유는 무엇일까? 이는 당시 양반노주의 재산분재 방식과 이에 따른 소유노비 공동 관리의 측면에서 살펴볼 수 있다.

노비들은 상속이나 매매 등을 이유로 가족이 흩어져 살아가는 경우가 많았기에, 서로의 근황은 노주를 통해 확인할 수밖에 없었다. 이에 노비들은 자신의 가족이나 친인척의 소식을 확인하기 위해 노주를 찾았고, 노주를 통해 서로의 소식을 전하기도 했다. 1546년 2월 권영의 노 막동이 이문건을 찾아와 서울에 사는 이문건의 비 저비의 소식을 물었다. 막동과 저비와의 관계는 정확히 확인할 수 없지만, 이처럼 노비들은 자신이 찾는 사람들의 소식을 알기 위해 노주를 찾았다.

심지어 노비들은 가족의 사망 소식조차 노주를 통해 들어야 했다. 1548년 1월 노 천수가 서울에서 내려와, 이문건의 누이 청파자씨의 제사를 받들던 이염의 비 말질개가 지난해 11월 화재로 사망했다는 소식을 전했다. 얼마 후 경주에 사는 말질개의 아비 청동이 이문건을 찾아왔는데, 그때까지 아비 청동은 딸 말질개의 사망 소식을 알지 못했다.

한편, 1561년 5월 이문건을 찾아온 송백상의 노 안수는 이문건의 5촌 조카 이문웅이 지난 4월 상처喪妻했으며, 이문웅의 동생 이수웅은 이미 노원에 안장되었음을 전했다. 이어 노 안수가 송백상의 노 중원이 혼인했다는 소식을 전하자, 이문건은 이를 일기에 기록했다. 이처럼 노주가 노비의 혼인과 출산, 사망 등에 관한 일을 자세히 기록한 까닭은 기본적으로 노비가 노주의 물적 재산이었다는 점에서 찾을 수 있다. 노비의 신상 변동은 곧 재산의 변동을 의미했기 때문이다.

하지만 노비에 대한 관리와 기록의 대상이 자신의 소유노비 뿐만 아니라, 친인척이나 친지의 소유노비까지를 포함한다는 사실은, 노비에 대한 양반노주의 공동 관리라는 측면에서 살펴볼 수 있다. 노주들은 먼 곳에 거주하는 소유노비에 대한 신공 독납, 도망 방지 및 도망노비 추쇄 등을 해당 지역에 거주하는 친지나 친인척에게 또는 해당 관의 지방관에게 칭념했다. 즉,

노주들은 원활한 신공 수취나 도망노비 추쇄 등을 위해 자신의 노비뿐만 아니라 타인 소유의 노비까지 공동으로 관리했고, 이는 양반노주의 광범위한 인적 연결망을 통해 이루어졌다.

노비 추쇄와 도망 이후의 삶

1553년 2월 가리현에 사는 권적의 호노(戸奴)가 도망치자, 권적이 도망노비의 환자(還上)를 대신 갚아야 하는 상황이 발생했다. 결국 권적은 이문건을 찾아와, 성주판관 최여주에게 청해 도망노비의 환자를 절반만 갚도록 해 줄 것을 청하기도 했다. 이처럼 소유노비가 관아에서 받은 환자를 상환하지 않은 채 도망칠 경우, 그 책임이 노주에게 전가되기도 했다. 이에 노주들은 노비의 도망을 미연에 방지하기 위한 다양한 대책을 마련해야 했다.

우선, 노비가 사환을 피해 숨거나 도망칠 경우, 노주는 도망노비가 나타날 때까지 그 친인척을 대신 관아에 잡아 가두기도 했다. 1561년 1월 용인수씨의 노 옥석이 이문건을 찾아와 그 집안의 노 강철이 사환에 응하지 않는다고 보고했다. 이에 이문건은 강철의 형을 불러, 동생 대신 사환하도록 했다. 다음날 이문건을 찾아온 강철의 형은 자신이 마땅히 사환에 응하겠으나, 옮겨야 할 짐이 무거우니 노 청산과 함께 가게 해 달라고 청했다. 그러나 다음날 청산과 옥석이 나타나지 않았고, 결국 이문건이 성주목사에게 청해 일가족을 모두 옥에 가두자 청산과 강철의 형, 옥석 등이 나타났다. 이처럼 노비가 노주의 사환을 피해 숨거나 도망칠 경우, 노주들은 관권官權을 이용해 도망노비의 친인척을 대신 잡아 가두기도 했다.

1562년 10월 성주를 방문한 박위는 이문건을 찾아와, 미납된 노비 신공을 노비의 친인척에게 나누어 걷겠다는 뜻을 전했다. 이처럼 노주는 소유노비의 친인척에게 연대책임連帶責任을 지우는 방식으로 노비의 신공 거납身貢拒納, 피역, 도망 등을 미연에 방지하고자 노력했다.

한편 도망노비 추쇄推刷는 일차적으로 노주의 개별 능력에 달려 있었다. 노주들은 자신의 인적 연결망을 동원해 지방 각 관에 칭념을 청했고, 이를 통해 도망노비에 대한 추쇄와 치죄治罪를 해결했다. 이문건 역시 신공 독납이나 도망노비 추쇄 등을 위해 지방 각 관아에 편지를 보내 칭념을 청했다. 1545년 11월 괴산노 은종이 도망치자, 이문건은 이듬해 4월 고부관아에 편지를 보내 은종의 추쇄를 부탁했고, 1553년 12월 노 태석이 도망치고 백절지 역시 숨어서 신공을 바치지 않자, 고부군수 표성

表聖에게 도망노비의 추쇄와 신공 독납을 부탁했다.

그러나 관권을 이용한 노비 추쇄가 누구나 가능한 것은 아니었다. 1546년 2월 김충갑의 친척이 찾아와 도망비 추쇄에 관한 일을 청탁하자, 이문건은 이를 거절한 채 관아에 직접 소지所志를 올리도록 했다. 이처럼 노주가 도망노비가 사는 관아에 직접 소지를 올리고 노비를 추쇄하는 방법이 있었지만, 실제 이는 쉬운 일이 아니었다. 결국 대부분의 경우, 해당 지방관에 행한 청념을 통해 도망노비를 추쇄했고, 이문건은 이러한 청탁의 매개자 역할을 하면서 그 대가로 어느 정도 경제적 이익을 얻기도 했다.

이 밖에 노주가 직접 도망노비의 추쇄에 나서는 경우도 있었다. 그러나 도망노비의 추쇄는 때로 위험한 일이었다. 추쇄 과정에서 도망노비를 숨겨두고 사환시키던 허접인許接人과 다툼이 벌어지기도 했고, 그 과정에서 노주가 사망하는 경우도 있었다. 1547년 4월 도망노비를 추쇄하던 노주들이 노비를 은닉해서 사환하던 허접인들에게 도둑으로 몰려 관아에 수금囚禁되었는데, 죽산현감 이승상이 이들에게 난장亂杖을 쳐서 노주 3명이 연달아 사망한 사건이 벌어지기도 했다. 1562년 3월 서울에서 사는 생원 2명이 이문건을 찾아와, 노비를 추심하는 과정에서 도망노비를 허접한 이들과 싸움이 생겨 결국 관아에서 소송

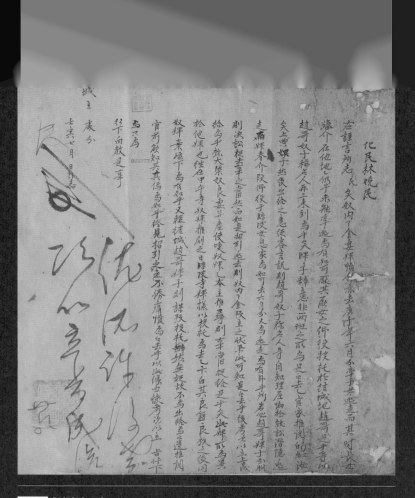

그림 14 「임만민소지林晚民所志(奴婢)」, 서울대학교 규장각한국학연구원 소장

추쇄한 도망비 춘개에 대한 입안을 청하는 문서. 노 내절금의 양처 소생 춘개는 도망 이후 결성에 사는 조씨에게 투탁하여 그의 비라고 칭하며 노주와 거짓소송을 벌이려다 스스로 불리함을 알고 패한 뒤 임피에 사는 노주 임만민의 딸에서 사환되었다. 얼마 후 다시 도망한 춘개는 임피현의 시비侍婢로 투탁했다가 노주에게 재차 추심되자, 또다시 자신이 결성에 사는 조씨의 비라고 주장하며 노주와의 소송을 벌였다

이 벌어졌으니, 이를 구해 달라고 청하기도 했다. 이처럼 노주가 직접 도망노비를 추쇄하는 일은 쉽지 않았다.

그렇다면 도망노비들은 이후 어떠한 모습으로 살아갔을까? 당시 도망노비들은 산속에 숨어 무리 지어 도적 떼가 되거나 승려가 되었고, 때로 내수사內需司나 양반·권세가로 투탁했다. 이밖에 노주의 추쇄가 비교적 어려운 함경도나 평안도, 도서島嶼 등지로 숨어들었다.

우선, 노주의 눈을 피해 도망에 성공한 노비들은 자신의 부모나 친인척이 거주하는 연고지를 찾아간 것으로 보인다. 비 유덕은 도망 이후 고향인 전라도에서 살다가 잡혀 왔고, 비 옥개역시 남편 석손과 함께 옥개의 어미가 사는 해미로 도망쳤다가 추쇄되었다. 이들은 비록 도망에 성공했지만, 낯선 곳에서 살아갈 경제적 기반을 확보하지 못해 결국 자신의 연고지를 찾았다가 추쇄됐다.

그러나 새로운 곳에서의 정착은 쉽지 않았고, 결국 가족을 이끌고 다시 돌아오는 경우도 있었다. 1559년 2월 전라도에서 신공을 거두고 돌아온 노 만수는 홍덕에 사는 비 분금의 자식들이 친척들과 함께 도망쳤다고 보고했다. 그러나 3여 년 후인 1562년 4월 도망친 분금의 자식들이 고향으로 되돌아왔다.

다음으로 사찰寺刹로 숨어 승려가 된 경우이다. 1563년 11월 해인사 승려 행호가 편지를 보내, 도망친 아이가 절에 머물고 있으니 추심할 사람을 보내줄 것을 청했다. 이에 노 연수를 해인사로 보내 도망노 종만을 잡아왔다. 이듬해 2월 이문건은 노 만수를 보내 도망노 은종을 추심하게 했다. 그러나 돌아온 만수는 해인사의 승려가 은종이 아닌, 고령에서 온 어린 승려라고 보고했다.

한편, 1557년 9월 가리현에 사는 김청산의 자제들이 여러 명의 노비를 거느리고 안봉사로 찾아가, 도망노비를 숨겨 두고 사환했다는 명목으로 승려들을 묶고 때리는 사건이 벌어졌다. 이에 안봉사 승려가 이문건을 찾아와 김청산의 무리들을 관아에 고소할 뜻을 밝히자, 이문건은 함부로 노비를 내어주지 말라고 충고했다. 이처럼 당시 사찰은 도망노비의 은신처로 자주 지목되었고, 도망노비를 추쇄하는 노주들이 사찰로 몰려가 소란을 피우기도 했다.

다음으로 도망노비가 도적盜賊의 무리에 흡수된 경우이다. 이들은 인적이 드문 곳에서 오가는 사람들을 대상으로 물건을 빼앗는 소규모의 무리에서부터, 떼 지어 양반가를 습격해 불을 지르고 재산을 털어 가는 명화적에 이르기까지 그 규모도 매우 다양했다. 1552년 4월 노 상손과 방실은 보은에서 도적을 만나 가진 물건들을 모두 빼앗겼고, 1553년 5월 신공을 바치기 위해 성주로 오던 안동노 범석 역시 중간에 도적을 만나 공물貢物을 모두 빼앗긴 채 목숨만을 겨우 부지할 수 있었다.

　마지막으로 도망노비가 투탁을 통해 용은사환容隱使喚하는 경우이다. 특히 양계지방에서는 도망노비가 부유한 노비에게 투탁한 경우도 확인된다. 1557년 12월 신공을 거두기 위해 평안도에 간 노 서동은 중화에 사는 노 억년이 25살의 건장한 남자를 몰래 숨겨 두고 사환한다는 말을 전해 들었다. 이에 서동이 억년을 추궁하자, 더 이상 숨기지 못하고 사실을 토설했다. 이에 억년의 집에서 숨겨서 사환하던 노 중손을 살펴보니, 듣던 대로 매우 건장했다고 했다. 이처럼 도망노비들은 노주의 추쇄를 피해 다양한 방식으로 자신의 신분을 속이고 새로운 삶을 꾸려 나갔다.

　이상 16세기 양반관료 이문건이 작성한 『묵재일기』를 통해, 가내사환 노비의 삶과 이들의 다양한 생존전략을 살펴보았다. 이를 통해 조선시대 가장 하층계급인 노비 역시 보다 나은 삶을 위해 최선의 전략을 구사하고, 자신들만의 문화—삶의 방식—에 따라 생활한 주체적 인간이었음을 밝히고자 했다.

　지금까지 조선시대 노비에 관한 연구는 법제적 측면뿐만 아니라 사회·경제적 측면에서 상당한 연구가 축적되어 있다. 그러나 이들 연구는 대부분 양반·노주의 입장에서, 또는 국가나 노비 소유권자로서 노비를 대상화했을 뿐, 노비의 삶과 자기인식에 관한 연구는 전무한 실정이다. 이는 노비가 자신의 기록을 남기지 못한, 역사에서 소외된 존재였다는 점에서 기인한다.

　하지만 좀 더 세심한 주의를 기울인다면, 노비의 삶에 가까이 접근할 수 있는 가능성은 열려 있다. 특히 일기류의 자료들은 작성자인 양반의 일상생활뿐만 아니라 이들과 함께 살아가는 노비의 생활상도 적잖이 보여 준다. 일기에는 노비의 이름과 가족 관계, 개인적 성격 등이 기록되었고, 이들이 일상에서 겪는 구체적 사건, 사건의 전개 과정과 결말까지를 상세히 보여 준다는 점에서 노비에 대한 '세밀한 묘사'를 가능케 한다.

이 책은 『묵재일기』를 분석 대상으로 한정하고, 생활사적 접근방법을 통해 당시 노비들이 스스로의 삶을 어떻게 인식했고 자신에게 주어진 다양한 선택의 기로에서 어떻게 보다 나은 삶을 위해 노력했는가에 주목했다. 여기서 생활사적 접근방법은 다음과 같다.

첫째, 매일 반복되는 '일상'을 유동적이고 역동적인 세계로 인식하고, 일상에서 나타나는 개인이나 집단의 협상과 전략의 측면을 주목했다. 즉 노비들이 자신들만의 방식에 따라 삶의 현실을 끊임없이 경험하고 해석할 뿐만 아니라, 지속적으로 발생하는 긴장과 갈등 속에서 보다 나은 삶을 위한 변화를 모색했음을 그려 내고자 했다.

둘째, 각각의 사회집단이 지니는 '문화'의 측면에 주목했다. 문화는 어떤 사회집단이든 나름대로 지니는 특유의 삶의 방식으로, 이들이 지닌 생각과 믿음, 그리고 그에 준해 이루어지는 모든 행동 방식을 포괄한다. 이러한 노비들만의 독특한 문화(삶의 방식)를 포착하기 위해 이를 인과관계로 설명하기보다는 세밀한 묘사를 통해 그 의미를 드러내고자 했다.

셋째, 관찰 규모를 축소하고 자료를 세밀히 분석하는 '미시적 접근방식'에 주목했다. 이는 동 시기 작성된 다른 일기류 자료에서 찾아지는 비슷한 사례들을 제시함으로써 이를 일반화시키는 방식과는 일정한 차이를 지닌다. 개별적인 역사적 현상이 갖는 독자성과 차별성에 주목해 이를 '예외적 정상'의 범주로 받아들임으로써 일반화의 과정에서 상실될 법한 이들만의 정체성을 발견하고자 했다.

마지막으로, 역사에서 소외된 이들의 목소리를 복원하기 위해 '합리적 추론'이라는 자료 해석 방식에 주목했다. 이는 '그럴법하다'라는 가능성에 기초한 해석으로, 사람들의 감정, 희망, 욕구, 분노 등을 공감하고 이해하는 과정을 통해 이들 행위의 내적 동인을 추적했다. 이러한 가능성의 역사를 위해 필자의 해석이나 주장을 가급적 배제하고, 자료를 분석해 가는 과정 자체를 글쓰기에 반영시킴으로써 해석에 이르는 다양한 경로를 제시하고자 했다. 즉 글을 읽는 사람들이 스스로의 추론에 의해 열린 결론에 다다르고, 읽는 사람마다 해석에 이르는 다양한 경로를 갖는 다성적 이야기체의 서술을 시도했다.

* * *

생활사는 그동안 간과되거나 소홀히 다루었던 인간의 '경험'

이라는 측면을 새로이 부각시키고 문화라는 새로운 주제로 관심을 확대시킨다. 사람들이 어떻게, 어떤 방식으로 일상의 현실들을 인식하고 해석하며, 이를 바탕으로 현실을 대응해 왔는가에 주목하는 것이다. 이때의 일상이란 물질적 삶이 단순한 습관의 형태로 진행되는 폐쇄적 영역이 아니라, 삶의 현실을 끊임없이 경험하고 해석할 뿐만 아니라 지속적으로 발생하는 긴장과 갈등 속에서 부단히 변화를 모색하는 삶의 영역이다.

그렇다면 사람들이 자신의 현실을 어떻게 받아들였는지, 그 대처 방식과 해결 과정을 살펴보는 방식은 무엇일까? 이는 개인이나 집단에 소속된 인간들의 감정, 희망, 욕구, 분노 등을 공감하고 이해하는 과정을 통해 이들 행위의 내적 동인을 추적하는 방식이다. 하지만 본질적으로 이질적인 인식 대상을 이해하고 공감한다는 것은 불가능한 일일지도 모른다. 따라서 인식 대상의 의도와 희망, 욕구와 경험이 표출된 그 자취와 흔적을 찾아 이것을 하나의 텍스트로 해독하는 방식이 필요하다. 즉 자료를 세심하게 읽어 내려가는 과정을 통해 그 속에 내재되어 있는 다양한 층위의 의미들을 질적으로 파악하는 것이다.

이문건은 자신의 주변에서 벌어지는 소소한 일상들을 매우 세밀하게 기술했는데, 이 같은 그의 글쓰기 방식은 자신의 내면뿐만 아니라 주변 인물들의 심정적 변화와 갈등까지도 파악할 수 있게 해 준다. 이문건의 글쓰기 방식은 그가 의도하지 못한, 주변 인물들의 감정 상태까지도 고스란히 전해 준다. 비록 노비 스스로의 기록은 아니지만, 이를 노비의 입장에서 재해석하면 그들의 행위 속에 숨어 있는 감정과 분노를 느낄 수 있고, 이러한 이해는 이들의 행위 동기를 보다 구체적으로 알 수 있게 해 준다.

이는 이문건의 손자 숙길과 비 주지의 아들 만성과의 다툼 해결 과정을 통해서 확인할 수 있다. 숙길이 아들 만성을 괴롭히는 장면을 본 어미 주지가 어린 상전에게 화를 내자. 숙길은 이를 조모 안동김씨에게 고자질했다. 다음날 이 사건의 전모를 전해 들은 이문건은 사건의 당사자인 주지뿐만 아니라, 곁에서 이를 말리지 않았다는 이유로 유모 돌금까지 함께 매를 때렸다. 이 과정에서 이문건은 이를 바라보며 "마음이 불편했다"는 돌금의 변명을 자세히 기록했다.

이문건은 자신의 일기에 손자 숙길에 대한 비 주지의 불손함과 어린 상전을 적극적으로 보호하지 않은 유모 돌금의 행동을 함께 징계했다는 사실을 객관적으로 기록했지만, 사건에 대한 그의 상세한 묘사는 각각의 행위 안에 숨어 있는 노비들의 심정과 입장, 분노 등을 파악할 수 있게 해 준다. 매번 자신의 아들을 이유 없이 괴롭히는 어린 상전에게 불만이 있던 어미 주지는 때마침 숙길이 만성을 괴롭히는 장면을 목격하자, 자신이 보는 앞에서 직접 만성을 때려보라며 숙길을 윽박질렀다.

한편 평소 숙길의 행동을 못마땅하게 여겼던 유모 돌금은 만성의 어미가 직접 나서 숙길에게 화를 내자, 이를 말리지 않고 짐짓 모른 채 내버려 두었다. 그러나 다음날 이문건에게 이 사건에 대해 추궁받자, 상황을 면피하려고 궁색한 변명을 늘어놓다가 결국 매를 맞았다. 이처럼 이문건이 남긴 기록을 노비의 입장에서 해석하고 이를 재구성할 때, 이들 노비의 행위 동기에 대한 보다 풍부한 해석이 가능하게 된다.

* * *

문화란 어떤 집단이나 사회계층이든 나름대로 지니고 있는 특유의 삶의 방식으로, 각 집단의 소속원이 지닌 생각과 믿음, 그리고 그에 준해 이루어지는 모든 행동 방식을 포괄한다. 일상을 유동적이고 역동적인 세계로 이해하는 경우, 일상에서 나타나는 개인 혹은 소집단의 협상과 전략의 측면을 주목하게 되고, 이 과정에서 개인 혹은 소집단이 지니는 '문화적 생활방식'의 의미를 다시 생각하게 된다.

이문건의 비 삼월에 대한 세밀한 묘사는 노비들의 문화에 관해 시사하는 바가 있다. 딸 향복이 임신한 동안 사위가 만수의 아내 주지와 통간한 사실을 알게 된 장모 삼월은 이를 행여 노주가 알게 될까 두렵다며 큰소리로 소란을 피웠다. 이는 삼월이 사위의 통간 행위를 노주가 직접 징계하기를 바라면서 일부러 저지른 일로 보인다. 하지만 이문건은 '잘 타일러 다시 이 같은 일이 일어나지 않도록 할 뿐'이라며 가볍게 대응했다.

통간을 저지른 사위에 대해 장모 삼월이 이를 비난하는 모습은 당시 노비에게도 혼인과 성에 관한 일정한 규범이 있었음을 의미한다. 노비들은 비록 혼전 성관계와 통간 등이 상대적으로 자유로웠지만, 혼인관계가 유지되는 동안 배우자에 대한 성실함을 기대했고, 이는 부모 세대로부터 내려온 보편적 관념이었다. 즉 노비에게는 성적 규범이 존재하지 않는다는 양반의 인식과 달리, 노비 역시 혼인관계가 유지되는 동안의 통간은 비난의 대상이 되었다.

이와 관련하여 주목되는 점은 노비의 통간을 바라보는 이문건의 입장이다. 이문건은 양반들도 욕정을 제대로 제어하지 못한다는 이유를 들며, 노비의 통간 문제를 가볍게 처리했다. 이처럼 양반들이 노비의 통간을 처벌의 대상에서 제외하거나 가벼운 체벌로 처리함으로써, 노비가 지난 이들만의 문화(즉 믿음, 가치, 행동의 그물망)가 양반 계층에 의해 왜곡 또는 의도적으로 은

폐되었음을 보여 준다.

이처럼 노비의 입장에서 이들의 행위 동기를 이해하면, 노비들이 행한 다양한 저항 행위와 그 안에 숨겨진 의미들 역시 새롭게 확인할 수 있다. 어느 날 이문건은 어린 노비를 통해 창령에 사는 이생원이 밤에 측간에 갔다가 억울하게 죽은 노의 혼령을 보고, 그날 밤 갑자기 사망했다는 소문을 접했다. 그는 이같은 괴담을 그대로 믿지 않았지만, 다음 날 성주목사 노경린에게 이경초의 사망 소식을 전해 듣고 이를 자세히 기록했다. 이문건의 기록은 사건의 전후사정뿐만 아니라, 노비들이 노주의 갑작스러운 죽음에 대해 '억울하게 죽은 노비의 혼령' 때문이라는 괴담을 만들어 퍼뜨린 사실까지 함께 전해 준다. 이를 통해 당시 노비들이 노주에 대한 반항과 적개심을 자신들만의 방식으로 해소하고 했음을 상상할 수 있다.

이 같은 예는 노주 권적과 노 원석의 사건을 통해서도 확인할 수 있다. 권적은 부모를 살해했다는 뜬소문으로 인해 옥고를 치르게 되자, 이문건을 찾아와 뜬소문을 퍼뜨린 완노 원석을 벌하게 해달라고 청탁했다. 당시 노비들은 자신의 노주를 고소·고발할 수 없는 존재였지만, 이처럼 뜬소문을 퍼뜨리는 방식으로 노주를 곤경에 빠뜨리기도 했다. 비록 단편적이지만, 노비들 역시 자신들의 불만과 억울함을 자신들만의 방식으로 해소하고자 했고, 이러한 행위들은 노비 저항의 다양한 모습 중 하나로 이해된다.

* * *

사람들은 자신이 처한 삶의 현실을 자신만의 방식으로 해석하고, 이 속에서 끊임없이 갈등하며 현실에 대한 변화를 모색한다. 즉, 일상이란 현실에 대처하고 이를 해결하기 위한 인간의 행위들로 구성되며, 이는 타협과 조작, 선택 그리고 그 선택의 결과들로 이루어진다. 이처럼 일상을 협상과 전략의 측면에서 바라볼 때 이들 행위의 내적 동인을 다시금 주목하게 된다.

이문건의 노 귀손은 비 유덕과의 통간 사실을 의심받자, 이는 다른 노비들이 자신을 질시해서 만들어 낸 일이라고 변명하면서 마음이 불안해 더 이상 이문건 집안에서 사환하지 못하겠다며 노주에게 으름장을 놓았다. 이듬해 귀손이 비 의금을 희롱한 일로 매를 맞자, 죄 없이 매 맞은 일이 억울하다며 도망치겠다고 큰소리를 쳤다. 귀손의 이 같은 행동을 전해 들은 이문건은 노 귀손을 불러, 노주에게 자신의 뜻을 말한 뒤 사환을 그만둘 일이지 도망하는 일은 불순한 일임을 훈계했다. 이어 이문건은 귀손이 겉으로만 알아듣는 척했을 뿐, 아마도 오래 머물며 사환할 뜻이 없는 것이라고 기록했다.

노 귀손의 행동과 이에 대한 노주의 대응은 이 시기 주-노 관계에 대한 수많은 궁금증을 불러일으킨다. 노주가 도망치겠다는 노비에게 도망 또는 그 도망 의도 자체를 추궁하는 대신, 노주에게 말없이 도망치는 행위가 불순한 일임을 훈계한다는 것은 무엇을 의미할까? 이문건의 말대로 만약 귀손이 더 이상 가내사환 하기 싫다는 자신의 뜻을 밝혔다면, 그는 순순히 귀손을 내보냈을까? 노주는 자신의 뜻과 달리 가내사환 하지 않겠다는 노비들을 어떻게 관리했을까? 일단 흠씬 매를 때린 뒤 헛간에 묶어 두고 며칠씩 굶기면서 다시는 그런 말을 할 엄두가 나지 않도록 혼쭐냈을까? 아니면 정말 노비의 의지대로 그냥 내보내 주었을까? 그렇다면 귀손은 그날 정말 도망칠 생각이었을까? 그럼 왜 귀손은 다른 노비들에게 자신이 도망 계획을 미리 얘기했을까? 귀손이 그렇게 말한 다른 이유가 있지 않을까? 혹시 귀손은 도망치겠다고 허세를 부리면서, 죄 없이 매 맞은 억울함에 대해 노주에게 시위하고 있던 것을 아닐까?

이 같은 질문들을 통해 노비와 노주의 입장과 속내, 이익과 손해, 의도와 협상 등을 하나씩 따져 보았다. 물론 수많은 변수와 가설 중에서 필자의 선택이 적확하다고는 생각하지 않는다. 그러나 이러한 방식을 통해 노비의 삶에 보다 가까이 다가갈 수 있는 가능성의 폭은 넓어지고 있다.

앞서 살펴본 노 귀손의 행동은 노비가 자신의 사환방식에 일정 정도 자기결정력이 있었음을 상상하게 한다. 노주 역시 언제든지 도망칠 수 있는 노비에게 원하지 않은 가내사환을 강요할 수 없었을 것이다. 그렇다면 노비들이 가내사환을 선택한 까닭은 무엇이었을까? 필자는 다양한 내적 동인 중에서 혼인의 기회라는 측면에 주목했다. 기본적으로 노비의 혼인에는 노주의 의지가 반영되었는데, 노주는 자신의 소유비가 양인 남성이나 타인 소유노와 혼인할 것을 기대한 반면, 소유노는 양녀와 혼인시키고자 했다. 양천교혼을 금한 국가의 입장과 달리, 노주는 비부·노처의 노동력을 확보할 수 있을 뿐만 아니라 그 소생을 자신의 소유노비로 확보할 수 있는 양천교혼을 선호한 것이다.

이 같은 상황에서 노들은 혼인 대상의 폭이 비들에 비해 상대적으로 좁았고, 주가에서 가내사환 할 경우 노가 노주의 소유비와 혼인관계를 맺을 수 있는 가능성이 높았다. 이에 경제적 기반이 열악한 노들에게 가내사환은 보다 안정된 삶의 유지와 혼인의 기회로 다가왔다. 이처럼 노들의 가내사환은 자신에게 주어진 환경에서 선택한 하나의 삶의 전략이었다.

혼인관계를 통한 삶의 전략적 구사는 양인층의 경우에서도 확인된다. 16세기 조선 사회는 농민층 몰락이 급속도로 진행된 시기로, 이들 몰락 양인층은 각종 국역의 부담에서 벗어나고자 양반·권세가로의 투탁을 선택했다. 한편 투탁을 받아들인 이들은 자신의 소유노비와 혼인관계를 맺도록 종용했고, 이후 종천의 관행에 따라 그 소생을 자신의 소유노비로 확보하고자 했다. 그러나 양천교혼을 통해 확보한 이들 비부·노처의 혼인관계를 불안정했다. 보다 나은 삶을 위한 이들의 생존전략은 배우자의 주가에 대한 눈속임, 도망, 기처·기부 등 다양한 방식으로 나타났다.

* * *

일기 속에 등장하는 수많은 노비들의 삶을 그려내기 위해서는 우선, 자료를 천천히 세밀하게 읽어 내려가면서 그 속에 나타나는 다양한 층위의 의미들을 하나씩 분리하는 작업이 필요했다. 이를 다시 각각의 입장에 따라 재해석하는 과정을 통해, 비록 불완전하지만 그 안에 들어있는 이문건의 시각을 걸러 내고자 노력했다. 이렇게 만들어진 조각조각의 자료들을 '이름'이라는 실마리를 통해 연결하면, 한 개인을 둘러싼 사회적 관계망 속에서 이들의 삶이 보다 입체적으로 재구성된다. 이는 유모 돌금의 경우를 통해 확인할 수 있다.

돌금은 보은에 사는 비 삼월의 딸로, 그녀는 남편 야찰과의 사이에서 억복과 유복 등 2명의 아들을 두었다. 이들 부부가 언제부터 혼인관계를 맺었는지 정확히 확인되지 않지만, 아내 돌금의 존재는 이문건의 성주유배 이후부터 확인된다.

　남편 야찰은 성주 이문건 집안에서 가내사환 한 반면, 아내 돌금은 보은에 머물렀다. 야찰은 성주와 괴산을 오가면서 매번 아내가 있는 보은에 들렀고, 이문건은 예정보다 일정이 늦어졌다는 이유로 자주 야찰에게 매를 때렸다. 이에 이문건은 돌금을 가내사환 시키고자 했으나, 그녀는 노주의 지속적인 요구에도 불구하고 이를 거부했다.

　이후 돌금은 이문건 집안에서 가내사환 되었는데, 이는 그녀가 손녀 숙희의 유모가 되었기 때문으로 보인다. 당시 양반가문의 유모는 특별한 존재로 인정되었고, 이는 유모의 배우자와 그 소생에게도 적용되었다. 유모 가족은 노주의 재산분재 때에도 가족 단위로 분재되도록 배려되었고, 유모의 자식들은 교육이나 면천의 기회를 제공받기도 했다. 그러나 유모의 자식들은 어미의 젖을 충분히 먹지 못한 채 영양 부족으로 사망하는 경우가 많았기에, 유모가 되는 일은 자신의 자식을 잃을 수도 있는 위험한 결정이었다. 게다가 유모에게는 다른 노비들과 달리 양반가의 유모로써 적합한 행동 양식과 도덕적 기준이 요구되기도 했다. 이들은 비록 노비의 신분이었지만, 양반들의 생활 방식을 몸소 실천하면서 다른 노비들의 모범이 되어야 했다. 그러나 유모가 이러한 양반가의 규범을 스스로 받아들이고 따른 것은 아니었다.

유모 돌금은 남편 야찰과의 사별 이후 비부 종년과 또 다른 혼인관계를 맺었다. 당시 돌금과 종년은 모두 배우자가 사망한 상태였기에 이들의 결합은 재혼에 해당되었지만, 이문건은 이를 통간으로 간주하고 종년을 집에서 내쫓았다. 한편 이문건의 아내 안동김씨는 종년과 헤어질 수 없다는 돌금을 간신히 설득해, 결국 이들의 혼인관계를 파기시켰다. 하지만 돌금은 이후 노주의 눈을 속인 채 몰래 종년과의 혼인관계를 유지하고자 했고, 이 과정에서 다른 노비들 역시 노주 몰래 이들을 만남을 도왔다. 이처럼 유모의 경우, 양반가 유모로서의 특별한 행동 규범과 도덕성이 요구되었지만, 이들은 이를 스스로 받아들이려 하지는 않았다.

유모의 삶을 선택한다는 것은 자신의 자녀를 잃을 수 있는 위험한 일일 뿐만 아니라, 자신에게는 자유로운 삶의 일부를 저당 잡히는 일이었다. 그러나 이는 자녀에게 노비의 신분에서 벗어날 수 있는 가능성을 열어 줄 수 있는, 위험하고도 매력적인 선택이었다. 돌금은 삶에서 마주친 수많은 선택의 기로에서 자기의지를 가지고 때로 순종하고 때로 반항하며 능동적으로 대처해 나갔다. 이처럼 돌금의 가족관계와 사환, 혼인생활 등을 이름이라는 실마리를 통해 연결하면, 비록 단편적이기는 하지만, 하나의 실명전기적 이야기가 돌금을 둘러싼 관계망으로부터 그 모습을 서서히 드러낸다.